大活字本シリーズ

失われた手仕事の思想

塩野米松

《下》

埼玉福祉会

失われた手仕事の思想　下

装幀　巖谷純介

失われた手仕事の思想／下巻　目次

失われた手仕事の思想

第二章　輪廻の発想——尽きない材料

素材採集の季節

職人の仕事は四季と密接な関係があった。すでに職人の仕事を紹介する中で触れてきたが、職人と材料の問題を論じてみたい。

交通機関が今のように発達していなかったころは、素材は地元のものであった。自分たちの近くにあるものを使って、必要なものを作り出してきたのである。それが一番安価で、入手が簡単で、修理の際も楽だったからである。

近くにあるからといって、素材の採集がいつでもいいというわけではない。素材になる木や竹、樹皮、蔓《つる》には採集の時期がある。その時期を逃すと素材としては使えなくなる。それは一年のうち、ほんのわずかな時期でしかない。

その期間に素材を用意する職人たちは、物作りをやめて山に入る。一年間の物作りや採集のスケジュールをそのように決めてあるのだ。季節の移り変わりを無視して作業は成り立たなかった。

アケビ細工の地を這《は》う蔓の採集は仲間内で夏の土用（立秋の前の一八日）の後と決められていた。しかし土用は口開けで、実際にはそれよりさらに遅く、九月に入ってアケビの生長が止まってから採集に行く。秋田県横手市のアケビ細工の中川原信一《なかがわらしんいち》さん（一九四九年生まれ）たちのその目安は九月半ばの秋祭りである。

土用のころはまだ暑く、蔓は伸びる。伸びるだけ伸ばして採ったほうが効率がいい。それに生長期の蔓は水気が多く使い物にならない。籠《かご》を編めないわけではないが、仕上げた後に、色が変わったり、しわが寄ったり、かびが生えたりするからである。そういう商品は売り物にならなかったのである。だから、採集はアケビが水揚げを終えてからであった。

逆に水気の多い時期に採集するものもある。

ブドウ蔓を使った細工もそうである。アケビの蔓と山ブドウの蔓、似たものに思えるが、使用法が違うのだ。アケビは蔓をそのまま使う。山ブドウは剝《は》いだ皮を使う。

山ブドウの皮を剝ぐには梅雨に入り、水を吸い上げているときでなければ剝げなかった。採集者は季節を見ながら山を訪ね、樹皮に鉈目《なため》を入れてみることで採集の時期を計った。早すぎても遅すぎても採集は不可能であった。植物の樹皮を使う仕事の多くは水の揚がっている時期に採集する。

葛布《くずふ》を織るためのクズの採集は夏の真っ盛り。

柳行李《やなぎこうり》を編むコリヤナギの場合はもっと早い。秋に葉が落ちたころに刈りとって、冬を越させた柳を、春に田んぼに挿《さ》していく。生命力の強い柳は根を張り、水を吸い芽を出す。この時期には茎と樹皮の間に水が入り、皮が剝《む》きやすくなる。この時期に採集して皮を剝く。時期を逃せば柳はやせてくる。

竹細工用の真竹（マダケ）は秋口以降に伐《き》った。竹は冬の前に生長を止める。根から吸い上げる水が少なくなり安定した状態に入るからである。それ以前の竹を使うと製品に虫が入ったり、傷みやすいなどの欠点があった。

岩手の篠竹《しのだけ》細工だけは、いつ刈り取った篠竹でもよかった。農作業の暇なときに乾燥して保存した。自然素材を使う日本の手業《てわざ》の中ではきわめて珍しい例である。身が薄く、強靭《きょうじん》な皮を使うせいであろうか。それでも一番強度を必要とする縁編《ふちあ》みの材料は、夏の土用の後のものでなければならなかった。

作り手が細工をするときにはしなやかな水気のある竹のほうがいいのだが、丈夫さを考えれば、しっかりとしたこの時期の竹を使うことになるのである。水気の多い取ったばかりの竹で編めば、乾燥すれば隙間《すきま》ができるからだ。

職人は作りやすさよりも、丈夫さ、使いよさを優先させたのである。イヤタ細工のイタヤカエデの木の採集はやはり秋から冬。枯れ葉が落ちたばかりの山に入り、伐ってくる。この時期の木が割りやすく、へぐのに楽で、木肌の色もいいからだ。

茅《かや》屋根や簾《すだれ》職人たちが使う葦《あし》や茅《かや》にしても刈る季節がある。茎に葉が残っている間はまだ早い。川原に寒風が吹き、雪がちらつくころ、葉がすっかり落ちたときから刈りどきになる。

屋根の上で雨に打たれながらも水を染み込ませない、それでいて茎の中にしっかりと空洞を保ち、腐らず、二〇年近く屋根を守るためには、冬のこの時期に刈るしかないのである。

日本の植物は四季に合わせて生長する。冬には葉を落とし休眠の状態に入る。この間は、冬の寒さに耐えるために、代謝を極力さける道を選んだのである。

春に休眠からさめた植物は芽を吹き、葉を伸ばすために水を吸い上げる。職人たちは水の吸い上げの状態、水を枯らした状態、水を枯らす直前の一番の生長点に達した状態というのを見極めて作業を行ってきたのである。

素材の採集ばかりではなく、そこから先の仕事も季節の中で行われた。

クズは採集したときから糸作りが始まる。その工程は前章で紹介した。

沖縄の芭蕉布《ばしょうふ》の糸作りもそうだ。糸芭蕉というバナナの仲間の茎から糸を取る。

シナ布の材料であるシナノキの樹皮は梅雨の終わりの二週間ほどの間に伐る。その時期でなければ樹皮が剝《は》げないからだ。また採取後に乾燥させるためには剝いで間もなく梅雨が明けてくれなくては困る。

農家の副業に源を持つ手仕事は、農作業の合間を縫うように作業が組み込まれている。シナ布を例に季節の労働を追ってみる。

山形県西田川《にしたがわ》郡温海《あつみ》町関川の人たちは雪解けを待って、山に山菜取りに行く。山菜は季節の食料であり、ものによっては大事な換金植物である。フキノトウ、コゴミから始まり、さまざまな山菜がほんのわずかの季節の進み具合で顔を出す。それらを順に採集し、あるものはそのまま食べ、あるものは保存食にする。そしてワラビを取り終えたあたりで田に水が入る。田植えが終わったころには山菜の最後、ゼンマイとタケノコ取りである。

田の始末がつき山菜が終わる梅雨の終わりころ、男たちは山に入って選んでおいたシナノキを伐り倒し、皮を剝ぐ。剝いだ皮を梅雨明けの日に干し、合間に田を見まわる。

真夏の暑いときは、仏を祀って休息する。夏の暑い時期は農作業には向いていないことを昔の人は知っていてスケジュールをねっていたのだ。お盆をはじめ各地の夏祭りはこの時期にある。

九月に入れば糸を取るために皮を煮る。それが終われば稲刈り。稲刈りが終われば田んぼの仕事はほとんど終わりを告げる。

畑や田の作業が終わると、冬の始まりである。女たちは集まって糸作りを始める。大きな糸玉が仕上がるころは雪が深くなる。長い冬の間、外に出ることができない女たちは機《はた》に座って織物をする。そして春までに一反の布を織り上げる。織り上がるころには雪が解けて山菜の季節がまたやってくるのだ。

このようにすべての仕事が暦《こよみ》に組み込まれている。

職人たちは、いい作品、いい商品を作るために、いい素材を準備することに労をいとわなかった。いい素材なくして、いい品は作れなかったからだ。

その素材が一年に一回しか採集できないのであれば、途中での補充はなかったから、材料がなくなれば仕事は休まざるを得なかった。そのため素材の供給は計画に従って行われたし、十分にその時間を割いた。そして職人たちは素材を大事に使った。

アケビ細工の中川原さんは数センチの切れ端も残してあったし、秋田県角館町のイタヤ細工の冨岡鐵雄《とみおかてつお》さん（一九二四年生まれ）も小さい材料では小さいものをと寄せてあった。

天然の素材でも、ものによっては採集の年には使わずに、数年置いておく場合もある。こうした場合は保存がきく。気候に恵まれれば、たくさんの素材を手に入れられた。そういうことがあるということは手に入りづらい年もあるということである。自然素材を扱う職人たちは気候や季節に敏感である。そうでなければやっていけない仕事でもあったのだ。

素材の採集にはこのように適切な季節や時期があるが、伐ったり刈ったり、採集したときがすぐに製品を作るのに適した時期とは限らない。

篠竹も乾燥させて取っておき、細工のときに水に浸けてしなやかさを戻して使う。アケビの蔓も、ブドウの蔓もそれが可能である。イタヤは生のうちに割り、へいでから取っておき、細工のときに水で戻して編む。

もっと長い時間、素材を寝かせることを必要とする仕事もある。木を使う大工や指物師《さしものし》、船大工たちは木をじっくり寝かせた。岡山の山元さんのところには、十数年寝かせたものもあったし、古い船を解体し、使えるものを取っておく小屋も用意してあった。そうした材は癖が抜け、出来上がった品物にも狂いが生じなかった。

農業の副業としての手仕事の話をもう少ししておく。

ほんのこの間まで、日本では稲作りが生活の中心であった。稲作りは春から始まり秋に終わる。雪に閉ざされた東北の農家では冬の農作業がなかった。そこで、夏の間に使う縄も雨具も履き物も敷物も冬の間に作ったのである。素材は稲の茎、藁《わら》であった。藁を叩き、使いやすくして縄を綯《な》い、草履《ぞうり》を編み、蓑《みの》やけらを作った。多くは自家用であったが、換金もした。藁は他にも使い道があった。家畜の餌《え》にも敷き藁にもなった。

畳の床は稲藁で作られている。稲藁なくして、日本人の生活は成り立ち得なかった。米を作り続ける限り藁は無尽蔵に供給されるはずであった。古くなった藁や藁製品は堆肥《たいひ》にして土に戻した。処理まで含め便利で安くて大量に手に入る素材であったのだ。

そういう素材があったからこそ農家は副業のそうした仕事をすることができたともいえる。仕事は常に素材と密接に結びついている。

農家の冬の仕事に座敷箒《ざしきぼうき》作りがあった。座敷箒を作っている職人たちも今は数が少なくなった。山形県長井市《ながいし》金井神《かないがみ》ではかつて集落をあげて冬の仕事として座敷箒を作っていた。

畑に箒唐黍《ほうきもろこし》を植え、その穂を刈って、編み込み、柄を付けて箒を作った。これを売って、現金収入を得、生活の足しにした。そうした技を持っていることで出稼ぎに行かずにすんだのである。

副業から始まった仕事は多い。炭焼きもその典型である。

田畑が少なかったり、それを持たないものは、山持ちのところで賃焼きで炭を焼くか、山の木を買って炭を焼いた。

イタヤ細工も箕《み》作りも篠竹細工も茅手《かやで》も屋根屋も石工も杞柳《きりゅう》細工も、もともとは農村の副業として発達してきたのである。いずれも季節と風土がその土地ごとに生み出した素材を生かした仕事であった。そしてその技術が専門化し、職人として独立していったのである。すでに農作業とは縁がなくなった職人の仕事でも、季節との関係や道具など、どこかに農の匂《にお》いが残っている。

尽きない材料

自然に素材を頼る人たちの野山の管理は合理的である。炭焼きやイタヤ細工師、シナ布織りの人たちが木を伐ったからといって、山の木がもう使えなくなるということはない。山の木は伐っても生えてくる。すぐに大きくなるわけではないが、炭焼き用の木であれば一五年か二〇年たてばちょうどよい大きさに育つ。

炭焼きはそれを考えに入れて山をまわす。そのために昔の山持ちは炭焼きにチェーンソーでの伐採を禁じた。チェーンソーや鋸《のこぎり》で伐った切り口は、芽出しが悪いからである。

シナ布織りの材であるシナノキも同じ。シナノキは五〇年、六〇年とたつと一抱えもある木になるが、糸を取るために使うのは一五年から二〇年ぐらいの、直径が一五〜二〇センチほどの木である。この木は伐り倒すと、根もとから何十本ものひこばえが出てくる。そのひこばえもただ生えっぱなしにしておいては生長が遅くなるから、日当たりや性を見て、よさそうなものを残して間引きする。それも一回限りではなく、毎年生長を見て世話をしていくのである。こうして世話を続ければ、二〇年後にはまた使える。雪や風などの害から守って、日当たりを考えてやり、手入れさえ怠らなければ、資源がなくなるということはない。

炭焼きが山を一五年ほどの周期でまわす発想と同じ考えがここにもある。山はこういう人たちによって守り育てられ、尽きることのない資源とされてきたのである。

木は使う用途によって伐採する時期が決まっている。欲しいときに、いつでも山に行って伐ってくればいいというものではない。

それぞれの職業には使いやすい木の太さというのがある。

備長炭用のウバメガシであれば、直径三寸（九センチ）から細いのでいえば一寸ぐらいのものまでがいい。ウバメガシの場合、焼きあがれば太さで八分の一ほどになる。だから細い炭は鉛筆ぐらいになるが、これはこれで使いようがある。大きいのは三寸から六寸ぐらいまでなら半分、それを超えると四分の一に割って炭にする。細いのは丸ごと。丸ごとの炭ほど値段は高い。

山の木を伐るときでも細いものは残し、次にまわせば、一五年を待たずに山は使えることになる。

イタヤカエデの木でも直径が二寸五分（七・五センチ）から三寸ぐ

らいがいい。全山イタヤという山はないから、いい木を探して伐採する。手頃になるまで待って伐っていけば、少しの山でもやっていける。一本の木を伐ってひこばえが育つのを待てば一五年ぐらいでもとの太さになる。

いずれもそれ相応の手入れをし、使えるようにしているのである。山の木を人間たちはただ搾取《さくしゅ》していたわけではない。手間をかけ、藪《やぶ》を払い、育ててきたのである。

農家の場合、雑木の山なくして農業は成り立たなかった。柴は焚《た》きつけや豆の支えの棒に。落ち葉はかき集められ家畜の糞《ふん》を混ぜて発酵させ堆肥《たいひ》とした。山のない者は山持ちから権利を買ってこれらを手に入れなければならなかった。だから子供たちが分家する際に財産として田や畑をもらうときに、それを賄《まかな》うだけの山を付けて譲ったのである。

山は十分手を入れられてこそ使うことができたのである。

自然は人間が手を入れぬままの姿であると思っているのは都会人の大きな勘違いである。山が手を入れられず、放りっぱなしにされているのは、肥料は買うもの、豆の支えは買うものといった迷路に踏み込んだつい最近の話である。

簾《すだれ》を作ったり屋根を葺《ふ》く茅や葦にしても野山や川原に生えたものが刈り取ってそのまま使えるわけではない。使える素材にするためには茅や葦でさえ手を入れて育てていたのである。

翌年に屋根材や簾材を使いたいとなれば、前年の秋から冬にかけて茅の原や葦の原に火を入れるか、刈り取ってしまうなどの作業をしなくてはならない。そうしなければすっくと育った使える茅や葦にはならないのである。

自然からの恵みとはいえ、ただいただくわけではないのである。使うためには使うなりの心づもりで自然とつきあいを保たなければならない。かつての結《ゆい》のように自分たちの茅場を持っているところでは、全員が出て茅を刈り、順繰りに集落の屋根を葺き替えていった。

現在でも北上川河口には蜒々《えんえん》十数キロにわたって葦の原が続いているが、屋根材に使う分は今も火を入れ、刈り取りを行っている。この材料が各地の文化財の屋根を葺く素材になっているのだ。

クズやアケビの蔓《つる》でも同じである。刈り取って放りっぱなしにしてしまった蔓は、翌年は絡《から》み蔓になって使いづらいものになる。

それと親木、元になる根というのを大切にした。それさえあれば、アケビは何十年と生き続ける。たとえ、杉の植林で地上に日が当たらなくなり、アケビがすっかり姿を消しても、六〇年後に、それらの杉が伐採されたときに、そこから再び芽を出すという。

爪楊枝《つまようじ》を作る木は今は白樺（シラカバ）が主流であるが、高級楊枝は黒文字（クロモジ）の木を材料にする。この木は山に生える雑木である。日本各地に生えるが、雪の多い地方のものは幹が曲がり楊枝には使いづらい。そのため和歌山、奈良、九州などから材料は供給されてきた。最初の枝が出るまでの幹を四つ割りにして製品を作る。

クロモジも数年たてばひこばえが育ち、また採集できるようになる。

しかし、ある年、前はクロモジの供給の山であった場所から取れなくなったことがあったという。

原因は親木と呼ばれる木を殺してしまっていたからであった。木を採集して売る仕事がある。爪楊枝の業者は例年どおり地元の人にクロモジ採集の委託をした。そのうちの何人かが、親木ごと採集してしまったのだ。

長いことその仕事を続けようと思う人は親木を残しておく。数年後にはそこでまた採集できるからだ。だが一回限りでできるだけたくさんの木を伐り取って、少しでも多く稼ぎたいと思ったら、親木を残すことや数年後に再び使うという発想はなくなってしまう。

こうした刹那的《せつなてき》な考えは自然に素材を頼る仕事をする人たちにはな

かった。自殺行為であったからだ。山は、自然の輪廻《りんね》に従っていれば、素材は永遠に使うことができたのである。

アケビ細工の中川原さんがいっていた。

「一年の最後、この日で採集が終わりという日には、『お世話になりました。また来年もくるから、山も達者でいてけれ。ありがとうさんでした』って山にお辞儀をしてくるんです」

山に素材を求める人たちは山の神を祀《まつ》り、祭りの日には山を休み、神に感謝をした。彼らの多くは山に入るときには山の入口に祀られた祠《ほこら》に頭を下げて無事を祈り、帰りには採集と無事に帰還できた礼をいった。

山があってこそ自分たちが仕事ができることを十分に知っていたか

らだ。

しかし、山や自然がいかに多くのものを与えてきたかを人々は忘れてしまった。職人の手を通して日常すぐそばにあった日々の道具が消えてしまったからだ。職人たちが消えたときに、私たちは自然との繫《つな》がりを忘れてしまったのである。

紹介したいくつかの職人の仕事の中には澄んだ川がなければできない仕事もあった。クズの糸を取るにも、シナノキの皮から糸を取るにも、光沢のある糸を作るための晒《さら》しという作業もきれいな川があっての話であった。

日本の川の汚れはひどい状態にある。川辺ぎりぎりまで人が住み、工場が建つ状況では避けられないことであろうが、川は汚れてしまった。

そのうえ、都市や住宅地の拡大が、山を切り崩し、林を切り開き、工場や住宅地にしてしまうことに抵抗がなくなってしまった。再び職人の技やあのすばらしい道具が復活しようとしても、それを支えうる環境や素材なくしては職人の仕事は復活することはできないのだが。

職人の仕事を忘れた現代人は、親木を殺すだけではなく、環境そのものを消しさろうとしているのである。

繋《つな》がる職業

アケビ細工と炭焼きと酪農家。

箕作りと炭焼き、石工と炭焼き。

林業家とアケビ細工、林業家と葛布。

一見、関係のない人たちのように見えるが、それぞれの人たちが互いに繋《つな》がりがあることを話しておこう。

アケビ細工師が蔓採集の際の一番の敵はクズである。クズがはびこり、アケビの生長を妨げるのだ。クズとアケビは同じような環境を好む。そしてクズのほうがアケビより生長が早い。手の入れられていない山や林はクズで覆われている。昔はクズをこんなふうにはびこらせておくことはなかった。

酪農家が輸入の飼料に頼らなかったころ、クズは牛たちのいい飼料であったのだ。酪農家たちがクズを刈り取ってくれたのである。また昔はほとんどの農家に牛や馬がいた。耕耘機やトラクターに代わる重要な労働力だったのだ。また堆肥の大事な供給者であった。家畜の餌としてもクズは刈り取られた。

クズは林の縁に繁殖する。小さな茂みに被さり、木によじ登り、葉っぱで覆い尽くして日光を遮断する。マント植物と呼ばれるが、林業家にとってたいへんに迷惑な植物である。これを取り払ってくれた酪農家や牛を飼っている農家の働きはありがたいものであった。そうした習慣がなくなって、林業家だけでなく、アケビ蔓の細工師もクズの繁茂に悲鳴を上げている。

葛粉《くずこ》はクズの根から作る。クズの根は大きな根塊になっている。専門の採集業者がいて、根を掘っていたものである。山の斜面での作業は辛く厳しいものであった。今も奈良の奥地にはそうした人が何人かいると聞いたが、トウモロコシから取るコーンスターチの輸入で葛粉はほとんど姿を消した。葛粉まがいの代用品で私たちはすませてしまっているからである。アケビ蔓細工師と酪農家はクズを間に挟んだ奇妙な関係である。

炭焼きは山に入り込み、木を伐り出し、焼いた炭を運び出すことで道を造った。小さく、細いながら、その道は便利なものであった。その道をアケビ取りもイタヤ細工の素材採りも、ブドウ蔓を取る人もクロモジの採集者も山菜取りもキノコ取りも使っていたのである。

高度経済成長期に炭焼きは姿を消した。家庭で炭を使わなくなったからである。台所がガスに変わり、暖房が石油に変わり、炭を使わなくなった。そして山の道はなくなった。

今、山に入る仕事人たちは藪《やぶ》をかき分けて入るしかない。炭焼きと石工との関係は、石工が一方的に炭焼きに頼みごとをする関係である。石工は道具を自分で作る。ハンマーの柄は自分好みの木を選ぶのである。自分で野山を歩いてウシゴロシやグミ、ヒイラギ、ネズミモチなどの木を捜すのであるが、そう簡単には見つからない。そんなときは、年中、山仕事をし、木を知り尽くしている炭焼きに頼んだ。

それは炭焼きにとって小遣い稼ぎでもあった。鍛冶屋の鞴《ふいご》は簡単にいえば水鉄砲の構造をしていて、空気を押す部分にタヌキの皮が使われていた。ある鍛冶屋が鞴を直したいのだが、タヌキの皮が手に入らなくてとこぼしていた。昔は猟師や炭焼きに頼めばタヌキを捕ってきてくれたのだが、今は誰も捕ってくれないというのだ。

箕作りと炭焼きの関係は直接のやりとりではない。

鹿児島の箕作りに使われる材料のひとつに山桜がある。時吉さんが直面していた材料不足の一番は山桜の若木が手に入りづらくなったことである。山桜は実生《みしょう》で育つ。花の後に熟した実を鳥が食べ、野山に分布させる。だから山桜は雑木の山ならどこに行ってもある。しかし山桜ならどんなものでもいいとは限らない。

箕作りに使う材料は直径一〇センチから一五センチほどの若い木である。この太さの木から皮を剝ぎ取ってくるのであるが、木を殺さずに剝ぐ。皮を剝がれた桜は二度目の皮を再生させるが、その皮はもう細工には使えない。

また年取って大きくなった桜は皮が厚くて使えない。かつては黙っていても若木がどこにでもあった。しかし、近頃、雑木の山に若い木がない。それは山の利用法が変わってしまったからである。

ひとつは杉や檜《ひのき》の植林である。日本の山々は杉の植林で覆い尽くされている。杉や檜を植えるために雑木の山を駆逐したのだ。

もうひとつは炭焼きがいなくなったことである。炭焼きは雑木山を一〇年から一五年ごとにまわって炭を焼いてきた。雑木は一〇年から一五年で炭にするのにちょうどいい大きさになったのである。その炭焼きがいなくなったために山の回転利用がなくなった。使われることのない雑木は伸び放題にされた。山桜がいかに実生で増えるとはいえ、木の下や木陰に落ちた種は育たない。残った木は大きくて使えないのだ。

箕作りと炭焼き、まったく繋がりがなく見える職業の間に、大事な関係があったのである。このことは山の素材を使う職業すべてにいえる。炭焼きが消えたことで、ほかの職業の材料の供給に障害が出ているのである。

山の木は雑木といえども人の手が入ることで更新していたのである。そしてそれぞれの木を使う人たちがうまく組み合わさって上手に素材を手に入れていたのである。

こうして振りかえってみると炭焼きが果たしていた役割は大きかった。

林業家との関係は推測がつくだろう。クズもアケビも、ブドウ蔓も木に絡み、生長を妨げる。葛布の糸採集者も、アケビ蔓採集者も、ブドウ蔓の採集者も蔓を払うことで林業家の助けになっていたのである。ひとつの素材にいくつかの職人が絡むこともある。

天然杉の利用法はその例である。天然杉は貴重な素材である。幹は良材として柱にも板にも挽《ひ》かれる。伐採は、杣師《そまし》が担当し、丸太は杣角で運び出す。製材は木挽《こびき》の仕事である。木挽は木の質、空洞や傷、節のありかを見抜き、墨を打ち製材した。木目の美しいものは二分三厘（六・九ミリ）ほどの薄さに挽かれ、天井板などの化粧に使われた。

製材の際には杉の樹皮は不要である。今は使われることはほとんどなくなったが、かつては杉皮は屋根を葺くのにも、壁を葺くのにも使われた。

伐り残された伐根は、性のいいところは「樽丸《たるまる》」と呼ぶ樽《たる》材や屋根葺き用の杮《こけら》に割られた。杉一本が多くの職人仕事に関わっていたのである。

幾種かの職人が関わっていた仕事は、どこかがひとつ欠けることでほかにも影響する。

素材を供給する人がいなくなれば、加工する職人は仕事が続けられない。そして消えていく。加工する職人がいなくなれば、供給は必要がなくなる。製品を買うか買わないかは消費者の意向による。消費者が買わなければ、商品の価値はなくなり、職人が消えていく。ある事情によって、一時的に途切れても、ひとつ欠けることで環が完成しなくなる。そして再現不可能な事態を招くこともまれではない。

炭焼きが雑木を伐り払わなくなれば、山の木の更新は自然のサイクルに任せることになる。自然はきわめて複雑な要因と構成を持ち、長いサイクルの変化を常とする。職人たちは次の世代の木が育つまで手をこまねいて待つわけにはいかなかった。そのために山に手を入れ、自分たちで育てたのである。

材料が尽きるとき

手入れをし、環境が維持できれば、自然素材は尽きることなく使えるのだが、環境を維持し続けるというのはなかなか難しいことである。

過去のどの時代も、受け継いだ自然がそのまま維持されたということはなかった。開発は常に行われていたし、破壊も行われていた。人口の増大と人間の営みがそれを必要としたのである。

しかし、それでもまだまだ自然という容器が大きく、人間たちの破壊や開発は崩壊の糸口にならなかったのである。その背景には手道具の延長にあるような道具では自然を破壊できなかったし、人間たちにも素材を使い切らない配慮があった。

自分の採集のことだけではなく、常に次の人のこと、次世代のことを考えて採集していたのである。しかし、二十世紀に入り環境の変化や崩壊は著しいものがある。自然に対する考え方が変わったのである。

人間の力をはるかに超える重機が使われるようになった。山がひとつ丸ごと削り取られるのもわずかな時間である。杉、檜の偏重も大きく山を変えた。変わらぬ緑に見えても山そのものは大きく変わってしまった。

アケビ蔓、ブドウ蔓、イタヤカエデ、天然杉、刳《く》り物用のトチ、しゃもじやへらの材料のブナ、こうした木は伐られ、ひこばえや実生の木が生えるのを待つことなく杉の林に変わっていった。根絶やしにしたのである。

漆《うるし》もそうである。国産の漆は国宝の修理などに欠かせない貴重品であるが、その供給量は少なくなってしまった。

岩手県二戸《にのへ》郡浄法寺《じょうぼうじ》町の漆掻《か》き職人・岩館正二《いわだてしょうじ》さん（一九二一年生まれ）たちの漆山を訪ねたことがある。

ほんのこの間まで、山や各農家の屋敷にある漆の木を買い取って漆を掻き集めていた。直径が八センチほどになれば漆を掻きはじめられる。一〇センチぐらいの木からなら年間で一六〇グラムほど採集できる。

漆を掻き取るにはまず木の粗皮を「カマ」という道具で削り取る。次に「カンナ」という道具で溝を彫り込む。溝から出てきた樹液をすくい取るのが「ヘラ」。樹液は三五〇匁《もんめ》（約一・三キロ）の漆が入る容器に集める。

木は付けられた傷を治すために樹液を出す。木の体力の回復を待ちながら、何度も傷を付けて掻く。傷を付けた漆の木からは一日に三回、時間をおいて掻き取る。同じ木から四日おきに採集するのだが、一・三キロの容器をいっぱいにするには一日に二〇〇本の木をまわらなければならない。

一本の木から一日に採集する量は約六・六グラムほど。それも三回に分けてであるから、一回には耳掻き一杯ほどの二・二グラムしか採集できない。

国産の漆は私が訪ねた一九九二年ごろで一斗樽一杯で約九〇万円であった。外国産の漆はこの六分の一ほどの価格だという。これだけの手数を考えると、この値段もわかる気がする。

樹皮の一番内側には栄養分・水分を運ぶための管が通っている。ここを切断してしまえば、木は死ぬ。マタギは小屋作りのための木を立ち枯れさせる。根本近くの樹皮をぐるりと剝ぎ取ってしまうのだ。樹皮を剝ぎ取られた木はそのまま枯れる。

漆の搔き方には二つの方法がある。

木を殺さず、たくさんの樹液を搔き取るため傷は木の表面だけに付けられる。そして表の樹液が出なくなったときに「ウラメ」といって木の裏側に傷を付ける。ウラメを付ければ木は死ぬ。このウラメまで付け、木は死んでもいいからできる限りたくさんの漆を搔く方法を「殺し搔き」という。

傷の間隔を大きくし、ウラメも搔かず、木を殺さぬようにして翌年も漆を搔く方法を「養生《ようじょう》搔き」という。この方法では、木は死なず翌年も採集できるが、漆の量は少ない。

効率を望む最近はどうしても「殺し搔き」の方法を取っている。

どちらの方法にも理はある。岩館さんの話である。

「死んだ木は伐ってしまうんです。伐れば、すぐに根本から芽が出てきますから」

それを育てれば、一二、三年で漆が掻けるようになるから、これを繰り返していれば、絶えることはない。

また、養生掻きには意外な産物が伴う。

「傷を付けられて弱った木は子孫を残そうと、実をたくさんつけるんです」

漆の実はろうそくの材料になった。今は漆の実は使い道がないからどうしても殺し掻きにしてしまうというのである。

昔から漆掻きは木を殺さずに使い続けることで成り立ってきた。材料が尽きることは自分たちの仕事がなくなることを意味したのだから、彼らは資源の尽きぬ方法を取ってきたのである。しかし漆の木は少なくなってしまった。山は杉の植林で覆われてしまった。農家の近くにあって、漆掻きに売ることで小遣い稼ぎになっていた木も、今は邪魔物として伐ってしまう。わずかなお金よりも、かぶれたりする木は伐ってしまったほうが面倒がなくていいというのである。昔は貴重な現金収入の道であったが、今は違う。現金を得る方法がいくらでもあるのだ。

農家や山持ちとの連携が保てなくなり、資源不足を招いた岩館さんたちは漆の植林を始め、約二〇〇ヘクタールの植栽を終えていた。こうしなければ国産漆の確保は難しいのである。

材料がなくなれば、製品の値段が上がる。品不足なのであるから、需要と供給の関係からそうなる。しかし、材料不足が何からきたかといえば、柳行李の場合を例に取ると、製品が売れなくなってコリヤナギの栽培をしなくなってしまったからである。

ここから悪循環が始まる。材料が不足して値が上がる。日常の弁当箱であった飯行李が高くなってしまっては買う人がいない。買う人がいないから材料を作らなくなる。

そこにもうひとつ致命的なことが加わる。

かつて飯行李や柳行李が全盛のころは日本各地でコリヤナギを栽培していた。それが今は技術保存のために栽培はされているが、一町歩もない。それっぽっちの量からは、いい材料を選ぶことができない。

貨車で何台も運ばれてくる時代には、あり余る中から大きなものを作る材料、小物用の細いもの、極上品と幾段階にも分けることができたのである。

行李細工の職人は現在もいるのだが、材料が悪くてはいいものはできない。腕の問題以前の話なのである。いいものができなければ、客からも見放される。

手業《てわざ》が生み出す品々は、いったん衰退をたどり始めると徐々に消えていくのではなく、一気に姿を消すことになる。

ちなみに、飯行李を国産の材料で日本の職人が作ったものは一万円を超えるが、中国産のものなら五分の一、六分の一で買うことができる。腕の良し悪しの問題はあるが、これほどの差が出ては太刀打ちができない。同じことはさまざまな手仕事の分野で起きている。国産の爪楊枝というのはほとんどなくなりつつある。ヤナギやポプラ、シラカバなど材料の枯渇と人件費の高いことから国産では中国産に太刀打ちできなくなったのだ。わずかにクロモジなどの高級品が日本で数軒の人たちで作られている。簾《すだれ》もそうである。湿地の埋め立て、河川改修、湖岸の変化で葦が少なくなったり質が悪化した。そこへ安い工賃と豊富な材料を持つ中国から輸入品が怒濤《どとう》のように入ってきたのである。その安さは驚くほどであった。中国産簾は国内を席巻した。国産の業者は茶室や高級品を作ってわずかに生き延びている。国産の職人たちは声を揃えていう。

「使ってもらったり、見る方が見ればその違いははっきりしますのやがな。安いちゅうのには勝てませんわ。消費者の皆さんがそれでいいちゅうんやから」

コリヤナギのように材料そのものが栽培されなくなったものもあるし、材料はありながらそれを採集し、供給する者がいなくなったものもある。

漆掻きの大変さは岩館さんの仕事を見ればわかる。辛い仕事である。汚い、辛い仕事をするものがいなくなったとはいえ、辛さに見合う賃金が稼げれば、仕事は続くかもしれない。しかし、日本はある時期から都市に出れば仕事があるようになった。冬の間は縄を綯《な》うなど自家供給の仕事しかなかった時代とは違う時代がやってきたのである。工業化が進んだとき、都市は農村からたくさんの人手を吸収した。わずかな現金収入を得るための手段だった手業は人手を奪われた。材料の供給者がいなくなったのである。

自然に合わせ、木や植物のサイクルを生かして材料供給の環を切らずにやってきた仕事も、こうして姿を消していったのである。

自然を上手に利用し、素材の尽きぬ供給を維持することも、職人を支える大事な文化だったのである。いい素材を供給し続けることにも供給者たちの矜持《きょうじ》があり、誇りがあった。いい素材に、職人や問屋はいい値を支払ったのである。職人たちはよくいったものである。

「うちじゃあ、最高の材料を使っていますからちょっと値が張りますよ。しかし、それだけの値打ちはありますよ」

供給者と職人、問屋や流通もそうやって誇り得る品々を作り出していたのである。それも、そういう品を欲しいという消費者がいての話である。

第三章　徒弟制度とは何だったのか

職人を育てる

職人たちはいかにしてその技術を身につけたのであろうか。その教育法について考えてみようと思う。

職人が技《わざ》をもって世間を生きていくにはそれなりの腕と職業観、仲間内の守るべき仁義を知らなければならなかった。ただ腕がいいだけでは生きていけなかったのである。そうしたさまざまなことをどうやって身につけていったのだろうか。

職人たちは誰もが「一生が勉強です」「これでいいということはな

い」「満足だと思ったらおしまいじゃないですか」という。

彼らは常に腕を磨き続けなければならなかった。師匠のもとで修業を終えた後、彼らはいかにして技を磨き上げていったのだろうか。順に考えていく。

職人が一生の仕事となる技と職業意識を身につけたのは、学校や専門学校や職業訓練所などではなかった。徒弟制度と呼ばれる職業訓練の方法であった。

徒弟制度は人から人への個人的な技と技を支える職業観の伝承であった。師匠から弟子に、技や、技を駆使して生活していくうえでの必要な事柄や、精神を受け継いでいくのであるが、そこには教科書はなく、仕事のできる師匠がいて、覚えたい者がそこに入門し、そこで一緒に暮らしながら仕事を覚えるというものであった。

ここで断っておきたいが、職業世界では、教育というのは誤解を招く言い方であるかもしれない。教えるという言葉は使われているが、それは一般にいう教育というものではない気がする。

弟子の側は教わり、覚えるのであるが、教える側は仕事の場に弟子を置き、仕事を見せる以外、時に教えるという行為をしてきたとは思われない。叱ることを教育というなら、それはあった。弟子は「見て覚える」以外にない。つまり徒弟制度の基本は覚える側の姿勢の問題であった。

彼らは一生を支えてくれる技とその使い方、素材の入手法、管理、作った製品の販売法を師匠である親や兄弟やよその職人のもとで教わったのである。

師が父の場合

初めに、父や兄、舅《しゅうと》や姑《しゅうとめ》など身内のものが師である例を紹介する。福島県の野《の》鍛冶《かじ》・高木彰夫さん（一九四〇年生まれ）は父も鍛冶屋だった。満蒙《まんもう》開拓《かいたく》団《だん》の移住者たちに現地で必要な最低限の技術を教える施設があった。高木さんの父は、そこで鍛冶屋の仕事を教えることを受け持っていた。敗戦のため、計画は途中で中断した。その後、彼らは福島県西白河《にししらかわ》郡西郷《にしごう》村に住み、農業を営みながら鍛冶屋を開始した。高木さんはそこで、父から鍬《くわ》や鎌などの農具を作る鍛冶屋の仕事を教わった。

「修業の方法ですか？　私の場合は、ほんとうに親の手伝いというかたちでした。最初は炭切りでした。初めの一年ぐらいは火のことをやっていました。使う炭の大きさは三種類ぐらいあるんです。その仕事、仕事によって炭の大きさを変えていくんです」

鍛冶屋の修業は炭切りから始まる。これは野鍛冶に限らず刀鍛冶などでも同じである。高木さんのところは炭を三種類の大きさに切り揃えた。炭の大きさがまちまちでは温度を加減できないからだ。作るものによって鉄を熱する温度が違う。包丁と鍬を作るのとでは使う炭の大きさも違うのである。炭も松炭、櫟《くぬぎ》炭と作るものによって変えた。松炭は軟らかく燃えつきやすい、櫟は硬《かた》く密で、温度が上がる。

「その次が火の手伝い。次に刃を付けたり、研《と》ぐ作業でした。その次は叩いて延ばす作業。ここらは技というよりは慣れです。自分は一人前になる前に機械が導入されてきましたので勘だけの世界にはいきませんでしたが、一人前になるには炎の色ですべての温度がわかるようにならないといけません。同じ温度で焼き入れするためにはそういうことを覚えることは欠かせないことでした」

火の色と鉄の焼き加減は炎の色を頭に叩き込み、叩いて延ばし形を整えるのにコツはなく慣れで、手に覚えさす。勘とはいえ、焼き入れなどの温度は大まかにこんなもんだろうというわけにはいかない。季節やその日の気温、天候を考えながら、一定の温度に鉄を焼き上げ、一気に冷《さ》ます。他人にも弟子にも説明できないから勘といえば勘であるが、温度計より鋭く温度差を火の色で見分けるのである。その温度も摂氏何度というような単位ではなく、その色の炎のときに鉄の性がどの状態にあるかを見分ける質のものである。師匠が焼いた鉄の温度を目で覚え、再現できなければならない。

徒弟制度は、学校の教室ではないから、どこまで自分が覚えたかは自分に聞くしかない。試験があるわけではないのだ。師匠の仕事と自分の作業を重ね合わせ、「何を見ていたのか」と叱られ、時には叩かれながら、覚えるしかなかった。

しかし時代の変化は早かった。

「習い始めてからどんどん機械化されていきましたから、今はそんなに勘に頼らなくてもよくなったんです。そうはいっても自分がやっているのは父に教わった色や鍬の作り方そのままですがね。染み込んでますから」

四国松山市の鍛冶屋・白鷹幸伯《しらたかゆきのり》さん（一九三五年生まれ）も父親が鍛冶屋であった。明治二五（一八九二）年生まれの父は親方のもとで修業を積み、荷車の輪鉄や建築に使われる金具類を作る鍛冶屋として独立。幸伯さんの兄も鍛冶屋になったが、父の仕事のような輪鉄を作る仕事の将来性を危ぶみ、土佐の鍛冶屋に弟子入りし、刃物鍛冶としての修業を積み、「興光《おきみつ》」の名前をもらって帰る。

白鷹さんは子供のときから父や兄の仕事を手伝わされた。

「子供のときから鍛冶屋の音は聞き慣れていました。学校へ行く前から親父は仕事をしていましたから朝起きたときから、もうごうごうという鞴《ふいご》の音です。僕はよそへ弟子に行ったり、徒弟の経験はありません。学校から戻れば、炭割りをさせられてね。鍛冶屋の最初の修業は炭割りです。ぼくは鍛冶屋にはなりたくなかったけど、仕方がない。炭は赤松です、炭をなるべく粉にしないように割るんです。顔や手が黒くなるんです。それが恥ずかしくて、嫌でたまらなかった。九歳ぐらいから向こう槌《づち》を打たされました。向こう槌というのは親父の反対側で槌を打つ助手ですわ」

白鷹さんは、鍛冶屋の道を嫌って、東京に出、勤めながら大学を卒業するが、結局は家に戻って鍛冶屋を継ぐ。社会人として長いこと実際の鍛冶場から離れていたのに、彼は薬師寺の和釘や宮大工たちの使うヤリガンナやナマゾリなどを打つようになる。彼が社会人として勤めていた会社は刃物を扱うところであったということもあるが、十数年ぶりに故郷に帰って、亡くなった兄の後を継いで鍛冶屋になった。それが可能だったのは、子供のときから仕事を手伝うことで染み込んでいた感覚であった。

二人の鍛冶屋の例を挙げたが、共通のことが多い。最初の仕事は炭切りである。刀鍛冶のところを訪ねても一番若い弟子たちは一日中炭切りをしている。息子であろうと外からの弟子であろうと、炭切りから始まる。

これにはいくつかの意味がある。

ひとつはそれしかできないからだ。入門したてや子供でもできることは知れている。

それともうひとつは慣れることにある。作業場で簡単な労働を手伝っていれば、親方の性格や癖を知らず知らずのうちに知るようになる。いきなり難しいことをさせても嫌気がさすだけである。できることからさせ、師匠のすることに興味を持たせるという意味もある。仕事の雰囲気を知るにはそうした単純な手伝いから始めるのがいい。こうしたことは誰かが考えた手順ではなく、業界の長いしきたりからきているのである。

そして向こう槌を打たせたり、刃物の粗研ぎをさせたり、火の加減を覚えさせるなどしていくのである。

白鷹さんがいう、子供のころから鞴の音を聞いていたというのも興味がある。幼いころから聞いていれば、槌を打つリズム、鞴のリズム、みな体が覚えている。白鷹さんが東京から戻ってきてすぐに鍛冶屋に復帰できたのにはそうした家業のリズムというのがあったからだ。家業を継ぐ者にはそうした知らず知らずのうちに身に付いたものがある。

鹿児島の箕《み》作り師・時吉秀志さん（一九一三年生まれ）は父から箕作りを習い、今もその仕事を続けている。

「私が箕を習い始めたのは九歳ごろです。私たちの集落は、百戸ばかりありましたが井戸が二つしかなかった。まだ、学校に上がらん七つごろから、朝早く起きて小さいバケツを持って水汲みをやらされました。牛もおりましたので草刈りも仕事でした。それを終わってからご飯を食べて学校に行くと一時間目が終わっていて、遅刻したちゅうて立たされて、そんなことで学校には行きたくないと思ってさぼっておったら、親父が『そんならもうええ。おまえは箕作りせい』ということをいわれてこの世界に入りました。最初は竹のシノ作りでした。親父が四つに割った竹の身をそぐ仕事でした。次には一緒に材料を取りに行って、その取り方を教わりました。山桜のある場所とか、剝ぎ方とか。そして箕作りには雑念があってはいかん。集中力がなければいかんということで厳しく教えられました。初めのころは形が整わなく、仕上げができません。見た目に簡単なものほど形が整わないんです。床を一人前に作れるようになるだけで五、六年かかります」

「集落百戸のうち半分ぐらいの人が箕を作っておりました。その五〇人ぐらいが子供に稽古させて、親父が仕上げて、売りに行ったのです」

「親父はよう叱りました。もっと早うせんかいって、材料の竹でこっちゃっとやられましたな。手が出るんですな。あのころは本当に無理をいう親父だと思いました」

どの仕事にも、初心者ができる手伝いというのがある。手伝いは仕事が一人前でなくても箕作りの一員として参加することになる。草刈りや牛の世話、箕作りには何の役にも立たないようなことであるが、そのころの箕作りの生活には欠かせない仕事であったのだ。また時吉さんの場合には親だけではなく、集落全体が同じ職業を営んでいるという環境も大事であった。集団にはさまざまな段階の修業者がいる。そのことは見よう見まねの際に、腕のずっと離れた師匠よりも参考になることが多いはずだ。

材料の採集から竹ひごの作り方、仕上げまで長い修業が必要で、一人前になると、初めて「箕刀」を作ることを許されるが、それまで早くて十年はかかるという。箕刀は、一人前の腕を持つという証明書であり、持つ者にその自覚と誇りを与える道具であった。見習いの者は箕刀を持てることを夢見て修業に励んだのである。

沖縄・糸満市のサバニ大工・大城正喜さん（一九二六年生まれ）は四代目。岡山の船大工・山元高一さん（一九一二年生まれ）は三代目。大阪の櫓《ろ》・櫂《かい》作りの山本安平さん（一九二三年生まれ）は四代目、大阪の簾《すだれ》作りの編田六左右衛門《あみたろくざえもん》さん（一九四七年生まれ）も四代目。石工の田中光生《たなかみつお》さん（一九一三年生まれ）も橋井敏行さん（一九四三年生まれ）も父親のもとで修業をしている。みんな子供のころから父親や家族がする仕事場で遊び、手伝いをしている。

中には櫓・櫂作りの山本さんのように父の仕事に見切りをつけ、まったく異なる商人のところに丁稚《でっち》で入った後に、父の仕事に戻ってきた人もいるし、橋井さんのように子供のころから父や兄にまじって石をいじり、そのまま石工になった人もいる。船大工の山元さんは父から直接教わることはなく、父のもとに出入りしていた職人の仕事を見ながら、見よう見まねで船造りを始め、すでに一四歳で自分の造った船を売っていたという人である。彼は自分でやりながらわからなくなると、職人の仕事場に行き、じっと眺めて、仕事場に戻って同じことをやってみて、またわからなくなれば見に行くということを繰り返して習得していったという。

父親と同じ仕事に就いた人たちは、父や祖父が使っていた道具が目の前にあり、道具として使うことを意識せずに、子供のころからそれに触れていたし、そうした道具がなんのためにあり、どう使われるかを知っていたのである。

対馬の釣り針師・満山泰弘さん（一九四七年生まれ）も四代目であるが、船乗りになりたいと一度は家を出ている。

「手伝いは高校のころからしていました。家の仕事ですから、嫌でも手伝わないかんですから。後を継ぐことにしたのは二六歳のときかな。始めてすぐに父が亡くなりました。そのときはまだ私は一人前じゃなかったですね。こういう仕事は見とって、覚え込まないかん仕事ですから、父が早く亡くなったというのは辛かったですね。いざ覚えようというときでしたから。結局、すぐにはうまくはいきませんから、使ってくれる漁師さんにどこがいかんのか教わりながらやってきました。残っていた職人もおりましたし、父を手伝っていた母もおりましたから、何とかやれるようになったのは、そういう条件がよかったというのもあったと思います。やれたのはやっぱり子供のころから父たちの仕事を見ていたからだと思います。見ようと思わんでも、ずっとそこに暮らしているからね。こういう仕事は見よう見まねです。見よう見まね。これしかないです。教えられないんですから」

見よう見まね、子供のころから父や職人の仕事を見ていたことが大きく彼を助けている。

それと代々続く家業という、責任を背負うことの意味も大きい。嫌だから、辛いからといって簡単に投げ出せない背景があるのだ。満山さんはそのことを次のように話した。

「代々続いてきた仕事をすることはやはり決心がいりました。親父の仕事を見ていたから、この仕事が大変なことは知っていました。やっぱり、決心というか、どこかで継ぐという意識が出てきて、自然に入っていくんじゃないですかね。息子も今は別の仕事をしておりますが、手伝ってきましたし、この仕事がどういうもんか知っていますから、いずれ戻ってきてやるといっています。代々続いてきた仕事というのはそういうもんがあるとじゃないですかね」

親の仕事を継ぐ場合、子供のときから、その職業の暮らし方や季節ごとの仕事、段取り、出入りの職人たちの会話からさまざまなことを学んでいるものである。子供のころから親たちや職人たちの仕事を見、時には手伝いながら、仕事の雰囲気というものをつかんでいく。材料や道具に触ってみる機会も多い。実際に職人として仕事を学ぶときにはほかの弟子たちにまじって修業を積むことになるのであるが、まったくその仕事に縁のない家からきた青年たちよりはずっと有利である。体が知らず知らずのうちに身のこなしや手順を知っているからだ。

大工の弟子に入り、子守りをさせられたという話をよく聞く。子守りが大工仕事になんの役に立つかと思われるが、なんにも知らずに入ってきたものに、大工の技がどういうものかを知らせることになる。その家の子なら幼いころからの生活で身につけてきた仕事への心構えなどを子守りや手伝いで知らず知らずのうちに体得していくことになるのではなかったろうか。

中には、父と同じ職業にしても、自分の父親のもとではなく、同業の他人のもとで弟子入りすることも少なくなかった。そこでは、親が同業であろうがなかろうが、ほかの弟子と同じように扱われた。自分の家族のもとで修業を積むことが安易になりがちだと考えた親はほかのものに頼んだのである。そこでは一日でも早く師匠のもとに入門したものが先輩であり、先輩の言には従わねばならないという序列があった。他人に仕えることはいずれ他人を使うための修業でもあった。「他人の飯を食う」というのは徒弟制度のひとつの習わしであった。一人前の職人には技だけではなく、人や社会とつきあう仕方も知る必要があったのだ。

檜皮《ひわだ》や柿屋根《こけら》を扱う屋根屋を東京で営んでいる谷上勲《たにがみいさお》さん（一九二九年生まれ）の家は代々の屋根師で、家には多くの職人がいた。谷上さんも彼の兄たちも、父や職人たちのもとで檜皮や柿の作り方から葺《ふ》き方までを学び、現在も専業として屋根屋の仕事に従事している。見せてもらえば、柿や檜皮を作るのも、そして屋根を葺くものも簡単な道具である。これらを一人前に使えるには何年ぐらいかかるのかと聞いたら、

「一人前になるまでですか？　やっぱり難しいところまで葺こうと思ったら、少なくとも十年はかかります。道具が単純なだけに、仕事を体で覚えてもらわなくちゃならないんです。ですから、本当にじっくり、時間をかけて身につけていくしかないんです」

もう少し父親から仕事を受け継いだ人の話を続ける。

炭焼き師は父親から仕事を受け継いできた人が多い。宮城県白石《しろいし》市の佐《さ》藤《とう》石《いし》太《た》郎《ろう》さん（一九二一年生まれ）は、父親も村の多くの人も炭焼きが仕事だった。佐藤さんはいう。

「村中が炭焼きで、親父もそうだったんです。俺も子供のときから山歩きというのは当たり前だった。何もやることがないからね。炭焼き以外のものになるとは考えたことがなかったから、ずっと親父について歩いたんです」

「山の木を伐るのもそうです。自分が炭を焼くために木を伐り、それがまた育ち、自分が来れなくても子供がこの木を伐る、そう思って山の木を伐って、育ててきたんだね。一五年、二〇年で元の山に戻れるようにしてね。一緒に木を伐り、伐り方を覚え、こうやるのか、これをしてはいけないのかということを学んでいくんです。それを親父や同業の先輩から仕事をしながら教わりました」

和歌山県で備長炭を焼く湯上昇さん（一九五五年生まれ）もそうだ。

「親父もおじいさんも炭焼きだった。ここで生まれたら炭焼き以外のことは考えられなかったんとちゃうかな。小学校のときに手伝った記憶はないけど、窯《かま》のまわりで遊んではおったろうね。中学校のときには手伝わされた。職業として炭焼きになろうと思ったのは高校を出て就職を捜すときだった。よそへ行って人に使われるのが嫌だったから。それから親父と一緒にずっと炭焼きをしてきた。途中で二年ほど炭焼きをやめて運転手になってみたけど、もうほかの仕事はやろうとは思わんね。炭焼きを二〇数年やっているけど、父親とはずっと一緒。親父が引退したのが六、七年前だから、それまでは何をするのも一緒だった。この仕事は煙の色と匂いと、火の色が決め手です。それと窯の底を床っていうんやけど、その作り方。今でも、これで十分ということは一回もない。だからわからなくなれば、今でも父親に聞きます。匂いだとかいうのは微妙に違うし、言葉で教えられないし、匂いの加減は自分で匂いの記憶を作るしかないんやけど、記憶を簡単に取り出して比べられへんからね」

昇さんのお父さんの勇さん（一九二九年生まれ）もいう。

「わしの親父はじいさんに、じいさんはそのまたじいさんに教わって、山から山へぐるぐるまわりながら炭を焼いてきたんや。窯の側に小屋を造って、そこで暮らしながらな」

同じく備長炭を焼き続けてきた勝股文夫《かつまたふみお》さん（一九三一年生まれ）も父親と一緒に炭を焼き、その仕事と技を受け継いできた人である。

「おじいさんも炭焼きやった。それより前も焼いておったかもわからんけども、ぼくの知っておる範囲ではおじいさんもやっておった。だから人に聞かれれば、親子三代の炭焼きだと、ぼくはようういうんやけどな。親父とはずっと一緒に炭焼きをした。兄貴もしておったんやけど、仕事やこつは一緒に炭を焼き木を伐りながら覚えるんや」

こうした話を聞けば、父という師匠にしてみれば、一緒に暮らし、仕事を手伝わせることがそのまま教えることであったのだ。

息子は、教わるために父の仕事を見、一緒にしてみることで覚えるのである。

秋田県のアケビ細工師・中川原信一さん（一九四九年生まれ）も父親から仕事を引き継いだ。この仕事が材料調達から編み上げるまですべてを自分たちで行うことは前に述べた。彼は父親の仕事を受け継いだときのことをこう語っている。

「中学校を上がって（卒業して）、俺はこの仕事をすぐ始めたんだ。っていうか、学校にいるときからやってたんだ。山へ行くのも好きだったし、頭もねえもんだから。よそに行って別の仕事に就くのも大変だべえ。それでこの道を選んだんだ。親父はやれともやるなともいわねかったな。今まで親父が手取り足取りして教えてくれたことは一度もねえな。ただ一緒にやっていて、見よう見まねでやって来たんだ。

道具たってこれしかねえし、秘伝なんていうのもねえ。そんなものはなにもねえんだ。だから誰かが教わりたいって来れば、誰にでも教えるよ。作り方でも蔓の取り方でも。だけれども、その後はその人次第。俺は親父の下で修業とかしたっていうのはねえの。これはなんにも難しい仕事じゃねえんだ。編むだけだったら自分のものでよければ今日でもできる。商品は別だよ。材料取りは大変だし、編むのも時間がかかる。必要なのはやる気と根気。親父と一貫して同じやり方でやってるはずなんだけれども出来上がる形には少しずつ違いがあるな。その人の癖っていうか、そういうのが出るんだな。こういう作るものの形というのはその人に備わったものなんでねえかな。この仕事は資本も何もいらない。鋏《はさみ》と錐《きり》だけでいい。後はちょっとの手仕事だな。したども、道具がいらないってことは体がいるってことなんだな」

中川原さんの父親の十郎さんが生まれた集落は昔からアケビ細工を農家の副業としてきた地域であった。鹿児島の箕作りの時吉さんのところもそうであったし、秋田県角館町の菅原昭二さん（一九二七年生まれ）たちが引き継いでいるイタヤ細工も地域の産業であった。今は数人もしくはたった一人しかいなくなってしまった職業でも、かつては個人の家だけではなく、地域全体で継いできた仕事というのもある。

山形県温海《あつみ》町関川のシナ布織り、兵庫県豊岡の柳行李、大阪府河内長野の爪楊枝、山形県長井市金井神の座敷箒作り、岩手県一戸《いちのへ》周辺の篠竹細工などあげていけばいくらでもあるだろう。それらにしても、技を教えるのは父親や母親であり、子供は親たちの仕事を見ていたのである。

豊岡市の柳行李細工師・丸岡正子さん（一九三四年生まれ）はこういっている。

「私はなんにも名人やないです、百姓の合間に覚えたことをしとるようなことです。昔は誰もが娘時代から覚えたものです。子供の時分から柳というもんをよう知っておりました。見よう見まねで覚えたのです。私が始めたのは一六、七でした。一人前にはなかなかならんでした。どこがでけんというのかわかりませんが、父親に叱られて泣きながら覚えました。うちのほうは誰でも冬になったらします。道具も親からもらった板をもって嫁に来てもやりました」

関川のシナ布織りの五十嵐勇喜さん（一九三五年生まれ）はこうい

う。

「昔は関川にお嫁に来れば必ずシナ布織りや糸作りを覚えたのです。この作業を覚えないと一人前ではないといわれたので一所懸命覚えました。姑《しゅうとめ》が嫁さんに教えたし、覚えるほうも見よう見まねでやってみて覚えていくんです」

環境が整っていれば、大きな決心をしなくてもいい。みんなやっているんだという意識は大きい。辛くても同じことがいえる。じっくり長い時間をかけて身につけなければならない修業の時間に、見渡せば同じ境遇の人がいるというのは支えになる。同じことで話せる仲間がいるのである。

職人の仕事は指先や肌ざわり、匂いや炎の色、手加減や勘、指先の力や見た目などで、形を整えたり、次の作業に移る。それは本人の体だけが習得できるものである。

親子といえども、やってみて覚えるしかない。

言葉にもできず、動作の説明もあらわしようがない。いわれたほうも、教えてくれる師匠のいう意味がわからず、長い間もどかしい思いで繰り返すしかない。そしてあるときに、初めて父や先輩や師匠のいう意味がわかるときが来る。

それまでは見よう見まねでやってみるしかない。叱られているときにはなんと理不尽な言い方か、叩く前に、もっと簡単な言葉であらわしようがあるだろうと思うが、体にものを記憶させるということはそうではないのだ。

体や手に技を記憶させるということは、体を作り上げることである。職人たちの道具は単純で簡単なものである。それを使いようで、いかようにも、幾段階にも使い分けていく。道具を手の延長、体の一部として使い分けられるように体を訓練するのである。仕上げや判断は数値ではなく、感覚である。体を道具のように仕上げ、感覚をいつも同じ判断を下せるように訓練するのである。これは体を作ることと同時に、考え方や感性を師匠と同じに作らねばならないことを意味する。

この作業の過程では言葉の判断はなんの役にも立たない。むしろ言葉に頼るばかりに体は動かず、感覚は磨かれないことになる。

父や母や祖父母たちの仕事を見、仕事の雰囲気を体験しているものには、そうした言葉や理屈抜きに入っていける見えない道がある。

手仕事をするもの、職人たちの話を聞いているとそれを痛感する。「これがわからぬのか」と叱られたときに、なんども師匠の指先が欲しいと思ったという。自分の体に師匠の体を写すこと、自分の指先に師匠の指先の感覚を写し取ること、自分の匂いの感覚に師匠が「この匂いだ」という「この匂い」を写し取ること、それが職人たちの修業である。子供は父親のそばで暮らし、父の思うこと、母の感じること、父の望むこと、次に起こることを察することができる。技の引き継ぎは人間から人間への引き継ぎであり、写しである。

新しい創造や個性の発揮の前に、まず技の確実な引き継ぎが行われなければならなかった。

「徒弟制度」は、その引き継ぎや写しを行う訓練方法であった。

そういう意味では父や祖父が師匠であるというのは大きな意味を持つ。常にそばに師匠である父がおり、師匠が作った見本がそばにあるのだ。父や祖父は自分が習得した技を隠さないだろう。息子が気が付くのを待てばいいのである。

親方のもとで

親方、師匠のもとに弟子入りして修業を積んだ人たちの話をしよう。彼らはそれまで、まったく知らなかった仕事を身につけるために親方のもとに弟子入りして、徒弟制度のもとで修業を積んで一人前の職業人になった人たちである。

木挽《こびき》の関谷文雄さん（一九三八年生まれ）は弟子入りしてこの仕事に就いた。

彼は木挽になるまで二回、別の仕事に就いている。木挽の親方に弟子入りしたときには五年の辛抱をしろといわれた。大工の経験があったので、弟子入りして間もなくから鋸《のこぎり》を挽く仕事を与えられている。しかし、その修業は厳しいものであった。

「朝は八時から夜は一二時まで。弟子の間は休憩はなかったですね。大工として働けるほどだったので親方から墨《すみ》を入れてもらったところを鋸で挽いていくんですが、すぐに血豆ができるんです。それでも構わずに挽き続けました。血豆はつぶれるんですが、絆創膏《ばんそうこう》などは一切使わせてもらえなかったですね。ですから、寝ている間に握った手がくっついて朝に必死で剝がさなければならなかったほどだったですよ」

初めはこつがわからないから力で挽いてしまう。そうでなくても木挽は力のいる仕事である。木挽の十時、三時のおやつにはラーメンが出るという。十分に修業を積んだ木挽は力ではなく技で挽くが、それでもおやつにラーメンを食うだけの重労働なのである。

それを力で挽いていたのだから、最初のころの苦労が思いやられる。力まかせだから、はかは行かず、歪《ゆが》みも出る。

鋸の挽き出しを「端《はな》」というが、端は親方が入れてくれる。新入りや腕のまだ未熟なものには親方が「マエビキ」といわれる大きな鋸が一枚入るまで端イレをして、このまま行けよと渡したのだ。あとは墨のとおりに挽くのであるが、これが難しい。

「大工をしていたから鋸を挽けるといっても、大きな木をずっと挽いていくのですから初めは曲がります。親方は歪んだら『歪んだ』といえといいました。そのたびに直してもらうわけです。親方のもとは一年半ほどで離れました。親方には五年は辛抱しろ、五年したら目立てを教えてやるといわれたんですが、五年も辛抱できなかったんです。ですから目立ては独学です。木によって目立てはすべて違いますから苦労して覚えました」

関谷さんは一人前になるまで五年は辛抱しろといわれたが、家族を支えなければならないという事情もあり、一番、肝心の鋸の目立てを教わらぬうちに独立してしまったのだ。

そして目立てを自分で覚えることになる。

親方の目立てを記憶に見よう見まねでやるのだが、なかなかうまくいかない。親方の留守の間に何度も鋸を見に行って、目立てを覚えた。まともに挽けるような歯を立てるのに長いことかかったという。

師のいない苦労である。いれば、疑問が起きるたびに、何度も繰り返し、見ることができる。こうやると教えてくれぬまでも、直《じか》に見られることは大事なことである。「技を盗む」にも師がいてこその話なのである。

しかし、師がいて目立てを教えるといっても、手を取って教えてくれるわけではない。仕事の途中で木に合わせて目を立てる。そのときに話す一言が目立てを覚えるうえで、ポイントをついていたりヒントになるのであるが、その言葉がわかるまでは、十分に木を挽き、なぜ自分の方法ではうまくいかないのかを知らなければならない。それ以前ではヒントはヒントにならないのである。

結局は一人で学ぶのであるが、目の前でやってみせる師匠があるなしでは大違いなのである。それでも仕事場で会ったとき、師匠は関谷さんの鋸を見て、「俺よりいい目を立てるな」といってくれたという。関谷さんの場合は変則的な修業をして、一人前以上になった例である。

職人には、少なくとも五年、長いと十年という修業の期間がある。関谷さんのように途中で独立し、後は独学という人もいる。滅多にないことであるが、たった数日、肝心のところだけ教わったという例もある。

秋田県角館町のイタヤ細工師・冨岡鐵雄さん（一九二四年生まれ）の話である。

イタヤ細工の仕事については菅原昭二さんの場合を例に話した。冨岡さんは材料の採集から編み方までほとんど一人で学んだ。材料は近在の山にあり、近在の農家の人たちが副業としてイタヤ細工をしていたし、自家用の製品を自分で作るということは珍しいことではなかった。

冨岡さんも籠《かご》やかっこべと呼ばれる腰籠などは自分で編み、それを売って家計の助けにしていた。一番需要があり、値段のよかった箕《み》を作ろうと試みたのだが、どうしても自分では解決できないことがあった。

「それで、俺は酒を一升持って、箕の角の部分の作り方を教えて欲しいと頼みに行ったんだ。その人は別に親しい人ではなかったが、その人はやってみせるから、見てれって。それを一日ずっと座って見てなるほどと思ったんだ。あれはやって見せてもらわねばわからなかった。一日だけの師匠だけれども、あの技を見せてもらわねば俺はなんぼ考えてもできねかったと思う」

それは秘伝でもなんでもなかったのだが、独学の工夫だけでは到達しづらい技というのがある。

冨岡さんにしても、この技を教わったからといって、突然、一人前になったわけではなく、そこまで修業を積んで独学で学んできた基礎があって初めてできたことであった。通常はこの基礎の部分を師匠のもとで学ぶのである。

秋田県平鹿《ひらか》郡大雄《たいゆう》村の大工の鈴木俊己《すずきとしみ》さん（一九四九年生まれ）は、中学を卒業してすぐに大工の見習いに入った。住み込みの大工見習いである。彼の家は農家で、大工はほかに誰もいない。

「弟子に入ったのは東京オリンピックの年です。親方は親父の友人が紹介してくれた人で、俺のまったく知らない人でした。けっこう手広く仕事をしていて、名前の通った人です。弟子に入ったころは上に五人兄弟子がおって、自分は六番目でした」

兄弟子は、その年に五年の年季が明ける人が一番上で、次は農家のワカゼ（若勢、農家の下働き）をやってから大工に弟子入りしたずっと年上の人、それから三年目、二年目、それに自分より半年先に入った人がいた。この世界では年齢は関係ない。入った順がすべてを決める。一日でも先に入った人が兄弟子である。

「ご飯作りだとか子守りだとか、そういう家事はやりませんでした。朝、道路から玄関までを掃除したくらいです。入ってすぐに現場に連れて行かれました」

住み込みの見習いであるから、朝は早いし、一日中、親方や兄弟子と暮らすことになるから労働時間は長い。

「見習いのときは、起きるのは朝の五時半ごろ、小屋のかたづけをして、道具を研いで、朝飯をみんなと食べれば、自転車で現場まで行きました。自転車は弟子入りするときに家から持っていきました。六時半ごろに親方の家を出て、八時から仕事でした。十時と三時には休み、昼は一時間よりもっと休みました。夏の暑い盛りのときには二時ごろまで休憩を取っていました。それでも休憩を取れるのは兄弟子や親方たちで、見習いのときは十時も三時も、昼もそうは休めなかったです。夜は暗くなるまで働きました。昔はずいぶん働いたと思います」

この時代、すでに日本は労働基準法（昭和二二年）もあったし、最低賃金法（昭和三四年）もあった。しかし、そうした法律は職人の世界には十分には浸透していなかったし、親方から仕事を教わるということはそういう問題ではないという考えがあった。飯を食わせてもらって、仕事を教わると考えていたのである。見習いや弟子に賃金や報酬を払うという考えはなかった。鈴木さんの話。

「自分が入ったころは昔のままの徒弟制度でした。修業中は給料はありませんでしたが、月に二回休みがあって、そのたびに初めは一〇〇円もらいました。ですから月に二〇〇円です。次の月が三〇〇円で、三カ月目が五〇〇円。その後はずっと五〇〇円でした。あのころ床屋代が二三〇円でしたから、それで終わりでした。それでは間に合わないので、一緒に入った人たちは家から小遣いをもらっていました。俺のところは貧乏だったので家からはもらえないので、よその家の隙間をふさぎに行ったり、夜や休みの日に、ちりとりなどを作って小遣いにしていました。それは親方も認めてくれていました。半端物の材を使っていいから、やれることならやってみろといってくれましたから。ちりとり一個が二〇〇円ぐらいでした。友だちがジュースを飲んでいれば、自分も飲みたいからそういうお金が欲しかったんです」

見習い中にこうした待遇を受けるのはきわめて例外である。父を途中で亡くし、家庭の事情が苦しいことを見越して、親方が特別に計らってくれたこともあったのだろう。そうはいってても入ったときからすぐに道具を持ったわけではない。

「大工道具を現場で持たせてもらったのは、半年か一年後でした。弟子入りしてすぐに鑿《のみ》三本、鋸一丁、金槌をもらいましたが、最初に使うのはスコップや箒《ほうき》ばっかりでした。初めて木を削ったのは、年を取った職人がいて、その人が『鉋《かんな》を貸すから削ってみろ』といってくれたんです。まだ自分では刃を研げなかったときです。気持ちよかったですね。今でも覚えているぐらいですから」

現場には親方や弟子という身内のほかにも、一人前の職人たちが働いており、見習いはそうした職人たちの手伝いもしたのである。見習いにとっては、親方ばかりではなく、目の前で仕事をする兄弟子も、他の職人もすべて師匠であった。徒弟制度ではよく師匠に殴《なぐ》られたという話が出る。それはどうだったのだろうか。

「親方はけっして叩きませんでした。叩いたのは半年先に入った兄弟子だけです。この人ははっきりいって、腕が悪く、途中でやめましたが、俺のことをよく怒りました。わけもなく叩かれて、目のまわりが真っ黒になったことがありました。叩いたのはこの人だけです。今でもこの人に会いますが、今でも会えばやっぱり兄弟子です。下手でも何でも兄貴分は兄貴分です。そういう礼儀はきちっとしています。親方は教え方は厳しかったですが、そう激しくは叱りませんでした。叱られると焦ってだめです。俺の場合は家のこともあって早く一人前にならなければならなかったのもあるし、意地悪な先輩にしごかれて、この野郎って思って発奮しました。自分でいうのもなんだけれども、覚えるのは早かったと思います。弟子を『しごく』というのは難しいですね。発奮の材料になればいいですけれど、潰《つぶ》れていく人もいましたから。納得できないこともありますからね」

教えるほうは教育のプロではない。仕事はできるが、教え方を研究しているわけではない。自分が教わったやり方で弟子に接するのである。後はその人の人格である。こうした体制であったから、徒弟制度では年の若いうちの入門をすすめた。自我が芽生え始めてからでは、反発心が起こり、理不尽と思える叱られ方に耐えられなかったからである。

「俺は中学を上がったらすぐに行きました。親方のところに行くことが決まったときに、一年間だけ職業訓練所で勉強してから行かせようかって父親が相談に行きました。親父は少しでも大工の知識があったほうがいいと思ったんでしょうね。そしたら、親方は『教えづらくなるからだめだ。中学を出たらすぐ来てくれ』っていいました」

修業の途中でやめるものもいた。

「腕が進まずに、置いていかれることもあります。同じに入っても同じ仕事ができない人もあるんです。それで発奮すればいいんですけれども、だんだんいじけてね。比べられるとやっぱり嫌になるから。俺を殴った先輩もやめていったのは置いていかれて嫌になったんだと思います」

何度もいうが親方は手を取って、言葉を尽くして教えてはくれないのである。

「親方が教えるといっても、一回やって見せてくれるだけです。でも、それでは覚えられなかったなあ。それでも、親方はずっと現場で一緒に仕事をしていましたから、わからないときはそれを見て覚えました。そんなふうには意識してませんでしたが、いま思えばそうだと思います。親方には弟子から気軽に話をすることはできませんでした。一服

（休憩）のときでも親方とは話ができなかったです。職人や施主の方とお茶を飲みながら図面を見て話しているのを後ろからじっと見て聞いていました」

「俺が、大工でやっていけると思ったのは三年目ぐらいでした。三年目に、材の墨付けを任されたんです」

三年目に墨付けを任されるというのはかなり早いほうである。修業がある段階に達したと思えば親方はそれなりの仕事を任せて、やらせてみる。口には出さないが試験のようなものである。弟子はその仕事をこなすことで自信をつけ、仕事度胸ができるのである。職人の進歩は徐々には出ない、一気にある階段を踏み上がるのである。

鈴木さんは五年の年季明けの前に、親方から親方の親戚の家を建てることを任された。そのとき親方がいったのは次の一言だった。

「納期よりも、いい仕事をするように」

納期を早め、少しでもたくさんの仕事をこなすのは職人が儲けるための唯一の道である。後は素材を粗悪なものにするか、手を抜くしかなかった。多くの人たちがそこに流れていった。

「その親戚の家はうまくいったと思います。親方は何もいいませんでしたから」

鈴木さんは五年の修業を終えると、ふつうの職人よりは二〇〇円安い日当一七〇〇円で、親方付きの職人として仕事をすることになる。それはお礼の意味もあった。昔の徒弟制度には、年季明けに一年間、お礼奉公という弟子のままの身分で親方のもとで働く慣習があった。

何も仕事のできぬ弟子に飯を食わせ、仕事を教えさせるというのは親方、師匠にとってもかなりの負担である。もちろん、さまざまに手伝いをさせるが、日当で暮らす職人が弟子を育てるのであるから楽な話ではない。そしてやっと一人前に仕上げれば、独立していくのである。年季明けのお礼奉公は一年であったり、二年であったりさまざまであるが、入門時に決められるのがふつうであった。文字どおり、親方へのお礼である。弟子のときと同じ賃金で働いて、恩返しをするのである。親元で修業をする場合にはこの習慣はない、よその親方のもとで学ばせてもらったときの話である。今ふうにいえば授業料の一括払いである。しかし、お礼奉公にはそれ以外にも意味があった。鈴木さんはこういう。

「五年の年季が明けたからって、まだ一人前の仕事ができるわけじゃないんだね。難しい仕事は若いころは覚えられないし、やっぱり簡単な仕事から順々に頭に入っていくから、ちゃんとできるようになるには、やっぱり十年はかかると思います。俺が一人前にできるようになったと思ったのはもっとたってからです」

年季が明けても親方のもとで働くにはそれなりの意味もあったのである。弟子の時代に覚えられなかったことを、今度は手間賃をもらい仕事をしながら覚えるのである。仕事はある段階に達しなければわからないことがいくらでもある。目ができ、腕が上がらなければ見えないことがあるのだ。

もう一人、よそでの修業とお礼奉公の話をあげよう。

柿《こけら》の屋根を葺《ふ》くザク屋の雲雀佐太雄《ひばりさだお》さん（一九二八年生まれ）は年齢的には、先に紹介した鈴木さんより一世代上である。彼の場合は弟子入りの約束は「三年の修業に二年のお礼奉公」であったという。

雲雀さんは、終戦の年、昭和二〇（一九四五）年に、数えの一八歳（満一七歳）でザク葺きの親方のところに弟子入りした。

「約束は三年の修業で二年のお礼奉公、全部で五年というものであったんです。師匠の家は近かったので住み込みではなく、通いでした。最初はやっぱり子守りをさせられました。掃除洗濯などはしませんでしたが、庭の掃除などはしました。それでも、この仕事はよそに出かけて行って屋根に登ってする仕事ですから、師匠の家で家事の手伝いは少なかったです。朝、暗いうちに師匠の家に行って、支度をして、道具を全部持って、仕事についていきました。昼の弁当は自分で持っていきました。道具といっても、屋根葺きの道具はそんなにありませんから、二人分を持っていきました。仕事が終われば、師匠を家に送り、床に入るまで待って家に帰りました。施主のところで師匠がお酒をごちそうになるときはじっとそばで待ってました。その後に地下足袋を履かせてあげたり、家に帰って上がるときにもそうしました。師匠は家に帰ってから、よそで飲んでいても必ずお酒を飲む人でしたので、その支度の手伝いをして話を聞いていました。一生の仕事を教わるのですから、それだけの礼を尽くして仕えました。そういう意味では親以上の人でした。一挙一動を見て、まねをするつもりでいなくては仕事は覚えらません。こういうのは私だけではなかったと思います」

「自分の道具は弟子に入るときに自分で用意していきました。特別な金槌ですが高いものではありませんから。ほかの仕事では親方のを使って一人前になるときに一揃いもらうという話も聞きますが、そんなことはありませんでした。最初は現場の掃除や雑用をしました。休憩のときにはお茶の準備をします。昼には他の職人さんもいますから、その人たちの準備もします。仕事は教わるというよりも見て覚えるっていうものでした。厳しかったです。こういう仕事は手を取って教えるというものではないですな。そんなことでは教えられませんし、覚えられません。こういうところはこうやって、こうするんだと言葉でも教えてもらうことはありませんでした。見て覚えさせるっていう仕方でした。いつまでもできずにいれば『何を見ていたのか』って叱られました」

雲雀さんはザクを割って見せながら、刃先に感じる木の抵抗や粘り具合で体が勝手に刃先の行き方やこじり方を変えているから、どうやるって教えられないいんだと語った。

自分で習得するまでやって、疑問が出れば、親方のするのをじっと見て手の使い方やこじり方をまねして、やっと身につけてきたという。

見習いの間の給料はやはりわずかなものであった。

「なんにもできなくて、教わるんだから当たり前です。それでも小遣い程度はもらいました。最初の三カ月はただ、そこから先は少しずつもらって、お礼奉公に入って、最後の五年目にはすでに一人前に仕事ができるようになっていましたので、師匠はお礼奉公ではなく、手間賃はほとんど一人前をくれました」

ザク屋の仕事は日当ではなく仕事量による手間賃であった。葺いたザクの束数、割ったザクの束数で一束いくらというふうにもらうのである。雲雀さんの場合は、約束では二年のお礼奉公であったが、仕事ができるようになったときには一人前分とはいかぬまでも手間賃をもらえたというから、お礼奉公の期間などは師匠の裁量で決められたものであったのだろう。

それでもお礼奉公の期間には意味はあった。

修業中の、親方と一緒のときは別であるが、きちんとお礼奉公の期間が終わるまで、他の職人とは一緒に仕事をさせてもらえなかったのである。技の習得だけではなく、職人として一人前の礼儀や倫理観のようなものを身につけていなければ外に出さないという教える側の矜《きょう》持《じ》もあったのである。

「礼儀作法は厳しくいわれました。礼儀というのは施主に対しての応対はもちろんですが、兄貴分や、同業者に対することが大事で、厳しくいわれました」

雲雀さんは一度破門されかけたことがあった。

「弟子入りして三年目ぐらいだったかな。ある現場で、師匠の友だちが一緒だったんです。その方の息子が見習いでついてきていました。その息子さんは私より二つばかり年が下だったんです。仕事が終わって、その日も施主の家でお酒をごちそうになりました。私は上がり框《かまち》で師匠を待っていて、地下足袋を履かせて、コハゼをかけたりしているときに、その若い弟子の人に師匠の傘を持ってもらったんです。その帰り道、私の家の前まで来たら『道具をよこせ』っていうんです。その日の現場は私の家の前を通って行くところでした。私は意味がわからなかったんです。いつも家まで送り届けて、寝かせてから帰ってましたから。師匠はぼっとしている私から道具箱を無理矢理取って『明日から来ないでいい』っていうんです。家に帰ってもどうして叱られたかわからないで、急いで、さっきまで一緒だった師匠の友だちに、詫《わ》びを入れてもらうために一緒に行ってもらいました。それでも二人は上がったまま酒を飲みはじめて、どこが悪いっていってくれねえんです。結局二時間もしたころに、その人が帰るっていうんで、その帰りがけに『そろそろ許してやれ』っていってくれたんです。理由は見習いのくせに他人の師匠の弟子に傘を預けたということでした。それほど礼儀というのは厳しかったんです」

こうした厳しさは仕事の上でもあった。自分の弟子の仕事が恥ずかしいと思えば、容赦なく仕上げた屋根を引き剝《は》がしてやり直しをさせたのである。同業者に対しても、自分に対しても仕事の評価は厳しかった。

屋根葺きの仕事は数組のグループが一緒になってやることがある。一番端に腕のいい親方が立ち、次から順に仕事を受け取って葺いていくのである。一人分の仕事は腕によって決まる。遅いものは自分の葺き分が数十センチしかない。腕がよく早いものはずっと多い。隣が遅ければ、次の人は自分の分を終えて迎えに来る。迎えに来られるというのは見習い中とはいえ恥であった。

「そうやっていじめられて上手になったんだ。だから考えてみれば、意地悪も一種の教育みたいなものであったんだな。兄貴分の人にとってはそれでも教えてやってるつもりだったべからね。それも我慢がきけばいいけど、耐えられなければやめていく人もいたな。師匠によっては叩く人もあったからな」

お礼奉公を終えなければ修業を終えたことにならず、よその職人と仕事ができなかったように、嫌になったからといって師匠のもとを飛び出して、よその師匠に弟子入りするということは許されることではなかった。そのためにも、一生の仕事としての技を身につけるためには弟子たちは我慢をしたのである。

職業がそれほど簡単に選べるわけでもなかったから、一人前の職人にならなければ、食べていくことができない時代であったのだ。

現在の教育を受けたものには徒弟制度の師匠と弟子の関係は、理不尽なものに思えるかもしれない。学校教育では漢字や歴史、算数といったものを教える、教わるということと、仕事を覚える、技を習得するということには大きな違いがある。

徒弟制度が教えたものは技だけではなく、職人として生きるうえでの礼儀や作法、仕事をこなすうえでの倫理観、仲間とのつきあい方までを含めた「その職での生き方」を仕込んだのである。

学校は知識を教えるところであるが、礼儀や倫理、誉れと恥など生き方を教えるところではなくなった。こうした教育を受けてきた現代人には徒弟制度を理解することは難しいかもしれない。徒弟制度は、ほんのこの間まで存在し、今でもその制度に近い方法で技の伝達を行っている人たちもいるのであるが、大方の人たちははるか昔の古くさい、捨てられるべき教育法だと思っているのではないだろうか。

もうひとつの師

親や兄弟が師である場合も、親方のもとで徒弟として学ぶ場合も、厳しく時間の掛かるものであった。直接にではないが、「師匠」「親方」以外にも厳しく職人を育てた人たちがいた。

ひとつは職人の作ったものを買い取った問屋である。職人と問屋の間にはさまざまな関係があった。問屋を通さず、お客に直接買ってもらう職人もいたし、中には問屋に隷属的《れいぞくてき》に使われる職人もいた。自然素材を自分で採集し、製品を作り上げる人たちでも、流通は問屋に頼らざるを得ない場合が多く、問屋と対等の関係は結びづらいものであった。

その原因の大きな要素は、問屋による経済的な束縛である。製品作りの材料を問屋が渡し、製品を専属的に買い上げていた場合は、職人は手間賃、加工費で日々の生活を支えていた。買い上げる商品の値段も、材料費も問屋が決めた。職人にはその決済ができる力はなかった。

問屋が職人の生活の基礎を握っていたのである。自由競争ができるようになったのはほんの最近の話である。それでも、流通を握っている問屋の力は強く、職人が自由にできるわけではない。経済機構の中で束縛されていたのである。商人は手間賃を安く、材料費を抑え、いい品物を売ることで利益を上げる。また、いい腕の職人を抱えることで付加価値を付けて販売することもできたが、そうしたことよりはやはりできるだけたくさんの商品を売ることが目的であった。店頭での競争に勝つためには原価を抑えることは常につきまとう条件で、そのしわ寄せは職人の手間賃に被《かぶ》さってきた。

秋田県角館町の樺細工《かばざいく》問屋は、昔は専属の職人に材料を供給し製品を買い上げていた。買い上げる際に、貸し与えた材料費を差し引くのである。時には前払いで金の都合もしたという。

それだけに持ち込まれた商品の吟味は厳しいものであった。番頭や主人が厳しく吟味し、傷や不出来があれば職人に突き返した。問屋の主人は「子供のときから親や番頭に職人の持ってきた製品の良し悪し、その見分け方などを修業させられた」という。

また問屋に届けた職人は「厳しいもんであった。手代《てだい》から順に番頭まで、持っていった品物を見るんだ。こんこんって叩いてみたり、すかしてみたりして、その間ずっと待っていなくてはならねんだ」と昔を思い出す。

この厳しい目は職人にとっては過酷であったが、職人の腕を上げる役もはたした。親方が弟子を叱るのとは違った目での評価がそこにはあったからだ。

職人たちは自分の技の評価を上げるために、展覧会や品評会に出品して腕を競った。さまざまな賞を受賞することや中央での評価を得ることで自分の価値を高めようとしたのである。そのためのいい材料は日頃の仕事の中からとっておいたり、別に購入したのである。

問屋の他に、使い手である消費者や後援者の目も職人を育てるのに役立った。厳しい鑑賞眼や選択眼を持つことが職人を育てた。

大工や木挽もいう。

「昔のように普請道楽《ふしんどうらく》っていう人がいなくなってしまった。あの人たちの目は肥えていた。手を抜けないし、いいところはちゃんと見てくれてね。どうやってもいいし、下手なものでも感心してほめられたら気が抜けるから。見る人がいて、見る目があって自分たちも育つんだ」
十分の報酬を払ってでも職人の腕をとことん追求する人たちも職人の師であった。

第四章　手の記憶

新しい徒弟制度の試み

徒弟制度による技《わざ》の伝達が過去のものになって久しい。徒弟制度といえば古い過去のものという受け止められ方をしているが、そうした中で、新しいかたちで徒弟制度を試みている宮大工の集団がある。奈良と栃木県に根拠地を置く鵤《いかるが》工舎は寺社建築に携わる工人の集団である。

鵤工舎を主宰しているのは昭和二二（一九四七）年生まれの小川三夫《おがわみつお》さん、法隆寺・薬師寺の棟梁《とうりょう》であった故西岡常一《にしおかつねかず》氏（一九〇八〜

一九九四）の弟子である。

西岡氏の家は代々の法隆寺の大工で、祖父・常吉《つねきち》さんの代から棟梁を務めてきた。そのため西岡氏は幼年から棟梁となるべく祖父の指導を受けて育った。親から子へと技を引き継いできた家である。

小川さんの父親は銀行員、まったく宮大工とは縁がない。高校の修学旅行で見た法隆寺の五重塔に感激し、宮大工を志した。高校卒業と同時に西岡氏の門を叩くが、弟子にするには年が過ぎていたことと、当時、大きな寺社造営の仕事がなかったこともあり、西岡氏は弟子にすることを断っている。後に西岡氏が小川さんに送った手紙を見せていただいたが、そこには宮大工は食えない仕事である、そのことを理解してもらいたいということが書いてあった。

西岡家のように法隆寺の棟梁として仕えてきた家では、民家の仕事は行わず、仕事のないときにはわずかばかりの田畑を耕して暮らしていた。民家の仕事は、どうしても儲《もう》けや期限に追われて腕を汚すからだという。

西岡氏の住んでいた奈良県斑鳩町の西里《にしさと》は、法隆寺の西側に広がる職人たちの住むところであった。そこの住人たちも時代の変遷とともに、仕事を変え、西岡氏が棟梁を務めるころは彼の家一軒だけがその仕事を守り続けていた。毎日、寺のまわりを点検し、傷んだところを見つけ、修理をし、補修材の準備をし、仕事がなければ、鍋《なべ》の蓋《ふた》まで作っていたという。

民家の仕事を一切受け入れなかったから、西岡氏の家計は楽ではなかった。西岡氏の二人の息子さんも、そうした状況を知っていたので、宮大工の家を継がなかった。

弟子入りを断られた小川さんは、仏壇屋《ぶつだんや》に弟子入りして道具の使い方を学び、その後、文化財の図面書きの仕事をして機を待った。ほかで修業を積みながら西岡氏からの入門許可を待っていた小川さんは、西岡氏が法輪寺の三重塔の復元を手がけることになったのをきっかけに、弟子入りを許された。昭和四四年のことである。

以来、西岡氏の家で一緒に暮らし、一緒に仕事場に出かける弟子の時代を送った。西岡家は父・楢光《ならみつ》さんも棟梁であり、仕事は別であったが同じ家に住んでいたから、二人の名人と寝起きを共にしていたことになる。一緒に仕事場に行き、時間があれば、棟梁の納屋をかたづけ、夜はずっと刃物研ぎに専心した。

「教わったことは多いと思うが、これといって、言葉をもらったことはないし、道具にしてもこう使えといわれたことは一度もないですね。ただ一度だけ、『鉋《かんな》をかけるというのはこういうもんだ』といって、鉋をかけてその鉋くずをくれました。師匠と同じような鉋くずが出るように刃を研ぎ続け、そうなるように励みました」

小川さんは師匠の鉋くずを壁に貼《は》り、同じような鉋くずが出るまで刃を研ぎ、削った。

徒弟制度は師匠と弟子の関係である。教え方、教わり方に基準はない。師匠の数だけ、教え方があり、弟子の数だけ学び方がある。

毎日、二人は現場で一緒に仕事をし、小川さんは師匠のやり方を見ながらそれをまねた。五年目の昭和四八年、西岡氏は小川さんに法輪寺の仕事を任せた。薬師寺金堂の再建の仕事が重なっていたからだ。そして昭和五二年、小川さんは西岡氏のもとで仕事をしながら自分の弟子をとり、その年の五月に鵤工舎を設立、独立した。

五年目で代理棟梁を務め、九年目で独立をはたしている。

ここまではよその親方に弟子入りしたこれまでの例と変わりはない。小川さんが自分で弟子を育成するに当たってとったのは、自分が西岡氏のもとで学んだ徒弟方法とは異なったものであった。平成一三年現在、鵤工舎には二六名の弟子がいる。この春に入舎したものから十年を越えるものまでさまざまな段階の弟子たちである。

彼らはいくつかの宿舎に別れて住んでいる。中心になるのは奈良に一つ、栃木県に二つ。ほかにも新しい現場が始まれば、近いところに宿舎をつくる。

弟子たちは宿舎に一緒に寝泊まりし、同じ現場へ出かけ仕事をしながら学ぶ。メンバーは仕事によって異なる。

弟子たちから「親方」と呼ばれる棟梁の小川三夫さんはこれらの現場をまわり、進行状況を見、助言し、必要な手配を整えていく。

弟子たちは宮大工を目指し、西岡常一氏や小川三夫さんに憧れて入ってきたものたちである。大工の子もいれば、まったく異なる職業の子供たちも多くいる。

小川さんは西岡さんに教わったとおりのやり方で、弟子たちに学んでもらっている。西岡氏と違うのはさまざまな段階の弟子たちがいるために、師となる人が親方一人ではなく兄弟子たちがそれぞれ師の役をしていることだ。

入門の希望者は多く、この数年、毎年三〇〇人ほどが履歴書を送ってきたり、直接現場にやってくる。みんな宮大工を希望する理由に「法隆寺の五重塔のような美しい塔を自分も建ててみたい」と答えている。

鵤工舎が徒弟制度であることはみんな知っている。希望者すべてを受けいれるわけにはいかないので、小川さんは、希望の理由や家の事情、会ったうえでの印象などから一年に二人ぐらいを入門させている。五年前には女の子も入れたし、耳の不自由な人も入れた。中学を卒業してすぐのものもいれば、大学院を出てきたものもいる。よそで大工として五年の修業を終えてあらためて弟子に入ってくるものもいる。

入門に当たって、小川さんは最低十年ほどの修業が必要であることを説く。じっくりと急がず体に技を染み込ませ、大工の心構えを持たせ、大きな仕事を前にしてひるまぬ度胸を付けさせるには十年が目安だと思っているからだ。しかし、十年の長さを実感で知るものはなかなかいない。

みんなわかりましたというが、十年は長い。途中で、自分が大工にむいていないと悟り、やめていくものも少なくない。ほかの仕事がうらやましくなるものもいる。

入舎したものは年齢に関係なく、一番後から入ったものが、食事の支度をする。新人はみな掃除と食事作りから始める。家でも一切食事を作ったことがない若者たちが、先輩たちの朝飯、昼の弁当、晩ご飯を作るのだ。

小川さんが新人に飯を作らせるのは「飯作りを見ればその子の段取りがどういうものかがよくわかるからだ」という。飯を作ることだけを専門にするわけではなく、先輩たちと一緒に現場に行き、荷物運びや現場の掃除をし、一緒に帰って、晩の支度をするのである。朝は早く起きなくてはならない。夜は遅くなる。それだけでも、学校を出てきたばかりの子には辛い。食事の材料も事前に買っておかなくてはならないし、毎日同じ弁当を作るわけにはいかない。

何も仕事ができず、給料をもらっている新人ができることといえば、みんなに喜ばれるような食事や弁当を作ることだ。食費は毎月、計算し、分割でそれぞれが払うのだが、うまいけれど高いのではどうしようもない。安く、喜ばれ、バラエティに富み、栄養も十分でなければならない。食事の係は要領よく、しっかり準備をし、素早く作ることを覚えていく。

現場での仕事は掃除と材運びである。大工が作業する仕事場は乱雑にしておいたのでは能率が悪く、危険である。現場では、整理整頓は厳しくいわれる。掃除の係は、現場で道具を握れない新人の仕事である。

「掃除のしかたを見れば、性格がわかる」と小川さんはいう。弟子たちはそれぞれ育ってきた環境が違うし、性格も一人ひとり違う。彼らを預かる親方は、少しでもそれを知り、生かすようにつきあっていかなくてはならない。

親方のわがままだけでは十年の修業は終えられない。弟子たちもきれいごとでは十年は耐えられない。いいふりをしても、ごまかしても長い時間は人を素直にする。また素直にならなければ、こうした現場ではものは覚えられない。

小川さんは、「徒弟制度しか、技の伝達方法はない」と考えてきたが、それも「師匠の人間性次第である」と思っている。いい師匠に出会えれば、いい結果が生まれるだろうが、もしそうでなければ一生を預けるのであるから、不幸なことになるかもしれない。

徒弟制度の教え方は学校とは違う。学校のように一年ごとに全員を進級させてやって卒業させて終わりというわけにはいかない。弟子には仕事を覚え、技を身につけてもらわなくてはならない。そして独立した後は家族を養って生活をしていかなければならないのだ。この世界では師匠は弟子に直接言葉で教えることはなにもない。手をとって鉋《かんな》かけはこうだとも、鑿《のみ》を握ると弟子に手を添えて、力加減はこうだともいわない。

いっても無駄なのである。弟子は時間がかかっても自分の身につくまで繰り返し、体で覚えていかなくてはならないのだ。

師匠は教えないが、弟子は覚えていく。覚えるための手本があり、学ぶためには現場がある。小川さんは弟子たちが学べる仕事を取ってくる。そして自分で図面を引き、現場を若いものたちに任せる。

西岡氏が法輪寺の仕事ができ、初めて自分を弟子に呼んでくれたように、この仕事は現場があって初めて学ぶことができるのだ。

日本には最低賃金法がある。徒弟制度だからといって、ただ同然で弟子をとるわけにはいかない。鵤工舎では入ったばかりの入門者でもその日から給料をもらう。入門したての弟子の日当は一日五千円ほど。仕事を教えてもらうのに、学校であれば授業料を払うのに、今の社会では逆に教えるのに払うのである。そのお金は先輩たちが働いて作ってくれたものである。

最低賃金法の考えは、未熟練労働者の社会的地位を守ることにあった。未熟練を理由に、安い労働力を提供させられることを防ごうとしたのである。かつての徒弟制度は師匠の家に住み込み、家事労働や単純労働に奉仕することでお礼に替え、技を教えてもらったのである。

そこには不当な労働もたくさんあったと聞く。最低賃金法がはたした役割は大きい。しかし、賃金をもらっていることで、自分がものを覚えに来ているということを忘れがちになる。働きに来ているのだという気になってしまうのである。それならもっと効率のいい仕事はほかにいくらでもあるだろう。

学びに来ていることを忘れた入門者たちは、結局は個人の自由な時間を得るために去っていくことになる。

小川さんが弟子たちに課すことは、毎日時間があれば刃物を研げということだけである。西岡氏は弟子に入った小川さんに、本を読むことも新聞を読むこともラジオを聴くことも禁じた。そんな時間があったら、とにかく刃物を研げ。そして自分が与えた鉋くずと同じものが出るまでやってみろと。

鵤工舎の弟子たちは入門した日に、鋸《のこぎり》、差金、鑿三本、鉋二個、巻き尺、砥石《といし》二個、釘抜《くぎぬ》き、金槌《かなづち》などが与えられる。これは、秋田の大工・鈴木さんが弟子入りしたときに与えられた道具とほぼ同じである。三本の鑿は一寸、八分、五分の鑿である。一寸はほぞの幅であり、八分は貫穴《ぬきあな》であり、五分は一寸の半分である。鑿の意味も差金の使い方も金槌の両面の役目も知らぬまま、弟子たちは刃物を研ぐ生活が始まる。

鵤工舎では、ラジオやテレビや本を読むことは禁止されていないが、弟子たちは夕食が終われば、研ぎ場に行き、刃物を研ぐ。

刃物研ぎは難しい。

真っ直ぐ平らな刃を作ることは並大抵のことでない。砥石《といし》に刃をぴったり当てて、ゆっくり往復することができないのだ。右に曲がり左に曲がり、波打つ。そのたびに自分の癖を知り、修正を加えるのだが、意のままにはならない。右に曲がるからそれを修正しようとすれば、反対に大きく曲がるのである。

弟子たちは頭で考えたことがいかに手に伝わらないかを知ることになる。

刃物研ぎは自分の力量分しか研げない。これでいいだろうと思っても、技のないものには歪《ゆが》みや切れ味の甘さがわからない。腕が上がれば、研ぎの甘さがわかる。研ぎを繰り返していれば、完璧《かんぺき》な平面を作り上げることの難しさをいやというほど知ることになる。単純で簡単そうな刃物研ぎでさえこうなのだから、ほかのことは推して知るべし。弟子たちは偶然や努力なくしての到達を夢見なくなる。

研ぎの甘い道具は能率が悪く、美しい面が出せない。宮大工の仕事は何重にも梁《はり》や部材を組み上げていく。少しの狂いは重なれば、次第に大きくなる。しかも建物は組み上げてしまえば、直しはきかない。間違ったり歪んだ箇所があったからといって建てたものを何度も解体することはできないのだ。

それぞれが与えられた仕事を責任を持って仕上げなくては数百年もつ建物は完成しない。弟子たちは刃物の研ぎの重要さを知ることになる。これでいいだろうと諦《あきら》めてしまえば、そこから先には進まない。

しかし、完璧に研ぎあげられた刃物はあまりの完璧さゆえに脆《もろ》い。

そのためにベテランの大工は長切れのする刃物に仕上げる。切れ味を保ちながら、刃先の脆くない状態に仕上げるのだ。

それは、完璧に研ぎあげたものだけがいえ、やれることである。十年たつ弟子たちでも自分の刃物はまだまだだという。刃物研ぎはさほどに奥が深く、自分をそのまま映す。

「できるだけ刃物を研げ」というのは師匠である小川さんの指示であるが、弟子たちがそれを実行するかどうかは彼らの自由である。やらずに遊びに出てもいいし、ほかのことをしてもいい。先輩も親方もそのことには誰も文句をいわない。それはその人の人生であるからだ。

しかし、みんなが一心不乱に夜遅くまで刃物を研ぐ姿を見れば、誰も怠けるものはいない。ここは学校ではないから、試験による進級はない。

覚えることが自分のためだと思ったものは率先して刃物を研ぐ。同じ志のものが寝起きを共にするよさがここにもある。

師匠から技を学ぶには、まず、自分勝手に考えることをやめなくてはならない。師匠のやり方をまね、そのまま写す以外に早道や近道はないことに気がついたものが初めてスタートラインに着くことになるのだ。頭や言葉で、ものを考えているうちは、技を体に覚え込ませるスタートラインには着けない。

「鵤工舎に入ってきたときに弟子たちはすでに十数年という人生を経てきている。それぞれの生活や学習の時間を蓄積して今がある。みんな、ほめられたい、認められたい、気に入られたいことを知っている。子供のときから文字や言葉や数字ですべてを教わってきている。そういう習慣はほとんどマイナスなんです。ですから入門したときがゼロの地点ではなく、実はマイナスの位置にいるんです。素直に師匠の仕事を写す状態にないんです」

スタートに立たせるために、小川さんは時には叱りとばす。叱ることで、早道や近道、言葉に頼る勉強法は役に立たないことを弟子に植え付けなくてはならないからだ。

早く覚えたい、うまくなりたいと考えるのは当然であるが、考えれば考えるほど素直になれず、結果的には悩むことになるからだ。心を開いて素直にならなければ、十年間、師匠のもとで学ぶことはできない。素直になり、十分な時間の中で自分にあった方法と順番で身につけていくしかない。頭も体もすっかり大工に仕上げていくのである。その修業が仲間との生活である。

早起き、食事作り、重たい荷物担ぎ、夜遅くまでの刃物研ぎ。宿舎には個室はない。全員が大部屋で、ベッドを並べて寝る。自分の空間はベッドと個人の荷物を置くためのわずかなスペースしかない。

こうした生活だから、朝起きたときから眠るまで、ずっと大工の仕事のことしか考えない。やめていくのは、自由のないことに耐えられないものが多い。それと初めの体のきつさに耐えられず、自分はやっていけないと思いこんでしまうことによる。

大工になることは技だけではなく、体も、考えも、そうならなくてはならない。それを十年の間に身につけようと思ったら、ほかのことを考えている暇はない。

小川さんはそう考えている。

小川さんが西岡氏のもとで弟子として自分が身につけたことを振り返れば、そういうことだったのである。

鵤工舎には弟子たちに四つの身分がある。かつては棟梁として西岡常一氏が筆頭で、大工頭が小川三夫さんであったが、西岡氏の亡くなった今は小川さんが舎主。その下に「大工《だいく》」「引頭《いんどう》」「長《ちよう》」「連《れん》」と続く。連は入ったばかりのものたちである。「大工」は一人前の仕事ができ、代理棟梁ができるものをいう。

鵤工舎では誰が決めたわけでもないが、兄弟子《あにでし》は弟弟子《おとうとでし》を呼び捨てにはしないし、私用で使うこともない。まして殴ったり、蹴ったりはない。

十年の修業という長い時間、この仕事に身を置くことになれば、そんな暴力やいじめは何の役にも立たないことに気がつく。また見栄や力で外側を装ってみたところで、毎日寝起きを共にしていれば、化けの皮はすぐ剝《は》げるし、装うこと自体が辛くなる。

それぞれ、弟子たちは技の習得や道具作りの歩みの早さ遅さが違う。得意もあれば、不得意もある。他人を思いやらなければ、一緒にはやっていけない。

「うちの子らはみんな優しいわ」小川さんはよくこういう。自分勝手であったものでも、そのままでは仲間たちと、十年の月日をやっていけない。みんな優しくなる。競争の場であるのだが、競争相手は自分であって、他人でないことに気がつくのだ。

鵤工舎では極力機械を使わない。大きな部材も体を使って移動することが多い。体の大きなもの、力のあるものは自分からその位置につく。労を惜しんでいては仕事にならないからだ。自然、分に応じたことを精一杯やるようになる。単に賃金をもらうための労働に来ているのではなく、共に学びに来ているのだという心構えがあるからだ。お金に換算するなら、外に出たほうがいい。彼らは一生働ける技の習得に来ているのだということを知っている。

弟子たちは仲よしではあるが、徒党を組むこともない。小川さんは弟子たちに「誘い合うな」とよくいう。遊びに来ているのではなく、賃金をもらって働きに来ているのでもなく、修業に来ているのだから。

なれあいになってしまえば、修業がおろそかになる。大勢の弟子を預かる怖さはそうしたところにある。

各段階があり、いくつかの仕事場があるから、学ぶものにとってはたくさんのものを見ることができ、先輩たちの仕事を見るチャンスがある。いずれ自分があの仕事をするとすれば、こうやるのか、なぜああしないのか、自問自答しながら覚えていく。

一年もたてば、鑿を使ってみろという指示が来る。鉋をかけてみないかと先輩からの仕事がまわってくる。

わからないことは聞いてもわからない。考えて、見て、やってみるしかない。仕上がりの具合もどこまでやればいいのか、叱られ、注意されて覚えていく。

道具も電動工具を使う前に、手道具で木の性に沿って捌《さば》くことを知っておかなければ、動力に頼って仕事をし、それでよしとしてしまうからだ。木の性質を生かしてこそ大工である。しかし、それを知るにはたくさんの部材にふれ、自分が造った建物の中でそれがどう変化していくかを知らねばならない。結局、どの職人もがいうように毎日が修業で、それは一生続くのであろう。

弟子たちは研ぎと現場の作業の毎日を繰り返していく。鵤工舎は日当制だから、それぞれが働いた日の仕事を「出面《でづら》」というレポートにして申告する。これは日報であり、自分の仕事を振り返る材料でもある。大きな建物であれば何日も何カ月も同じ部材の仕事が続く。数多い部材の名前や、部署、形や組み合わせ方や力のかかり具合を日々の積み重ねの中で覚えていく。

そうした修業の中で、先輩や親方は大きな柱や梁の削りをしてみろという。手に負えそうもない大きな仕事である。間違えれば、とんでもない損害を与えることになる。部材に負けそうになりながら、必死で先輩や親方の意に背かぬように心を奮い立たせて挑む。

こうして仕事の度胸をつけていく。大工の鈴木さんが三年目で墨付けを任され、五年目に家一軒を造ることを託されたのも同じことであった。

師は自分の責任で、弟子にチャンスを与え飛躍させるのである。

これらの修練や与えられたチャンスへの取り組みは、実はそのまま人生の修練の場でもある。

鵤工舎には、一三年の修業を終えて、巣立っていった大堅工樹《おおのこうき》さん（一九六七年生まれ）がいる。彼は十年目に、修業卒業資格の証《あかし》として二宮金次郎の銅像をもらった。鵤工舎では修業を終えたものに、二宮金次郎の銅像をあげているのだ。

彼はいくつかの試練を経て、二十代半ばで大きな仕事を与えられた。四年間かかる大きな仕事であった。初めての大きな建物であった。すべての責任を持っておさめ、人を使う代理棟梁であった。やれば疑問が出てくる。考えに考え抜いて、自分なりの答を持って、最後に親方に聞く。さりげない答が返ってくるが、それで十分なだけ考えているから次に進める。先輩もそうしてきた。すべて誰も教えてくれず、自分で解決していくしかないのである。

大堅さんは、仕事の多くを先輩たちの手伝いをすることで学び、一人になることで考え、やってみて確認して前に進んだ。

親方から預かった若い弟弟子たちに仕事を分け、任せ、育ててきた。仕事の段取りを立て、墨付けをし、各人に作業を指示する。弟弟子たちはそうして仕事を分担してもらうことが学ぶことなのである。

鵤工舎の新しい徒弟制度は親方と弟子の一対一ではなく、たくさんの先輩たちと仕事をし、実際の現場で学ぶことにある。それも時間をかけ、寝泊まり、生活を一緒にすることで、身も心も大工の心構えと体作りに打ち込むのである。

大工の修業は学校とは違う。日々、少しずつではあるが、実際に使う建物を造りながら学ぶのである。ここには抽象的なものはない。自分の刻んだ部材の隣に、他人が刻んだ部材がきて、建物の一部を構成するのである。手を抜くことも、間違いも許されない。確実にやり遂げていかなくてはならない。一つひとつのことに責任を持って成し遂げていくとき、技は身についていくものである。大堅さんはいった。

「気がついたらこんな大きな建物が建てられていた。初めはできるとは思えなかった」

親方はすべての責任を負って、仕事を弟子に任せる。そのことがいかに人を大きく進歩させるかを知っているからだ。小川さんは五年目で法輪寺の三重塔を任され、やり遂げている。師匠は弟子に学ばせ、技術の進歩、心構えの強さ、仕事に負けない度胸をつけさせ、ある時期が来れば突き放してやらなければならない。

宮大工は大きな建物に何年もかけて取り組む。民家であれば、一年に何棟かの仕事に立ち会えるが、堂塔ではそうはいかない。そのかわり、じっくり取り組む時間がある。

宮大工とはいえ、木を削って建物を造るということでは民家の大工と変わりがない。ただ、人間が住む建物ではなく、神や仏の入る建物で、部材が民家より大きいことが違うだけである。

大堅さんは鵤工舎を出て、自分で新しい大工の道を模索している。腕を身につけた職人は、自分の腕を試し、新たな場所で磨き続けることになる。

小川さんが西岡氏のもとで学び受け継いできた技と心は大堅さんに引き渡されていく。彼は鵤工舎の一三年の中で学ぶとともに、教えることもした。大堅さんを師匠と慕う弟子たちが大勢いるからだ。徒弟制度の中にまた次の徒弟制度が組み込まれている。

小川さんが弟子の育成を決心したのは一人では大工はできないからだ。柱を二人の人間が担げば、それを降ろす台を用意するものがいる。少なくとも三人の人間が必要である。いかに優れていても、職人一人では建物はできない。

全員が達人だけでも、もったいない。自己主張をすることで腕を発揮する職人たちが集まったのでは一つの意思に統一するのは難しい。弟子や未熟練者、修練者を組み込んでこそ仕事のできやすい環境になる。学びの場所になる。

現場は弟子たちにとってはいつも学ぶ場所である。手を抜かない真剣な仕事の場に置かれること、それだけで人は学ぶものがある。

鵤工舎の徒弟制度はそうした場である。それも仕事を受ける親方の立派な腕と実績、弟子たちに任せる度胸、それを信じて仕事を依頼してくれる施主あっての話である。

仕事をしながら仕事を覚える。実践教育は徒弟制度の基本であるが、これを実際に行える場はごくわずかでしかない。鵤工舎は宮大工の小川三夫さんが用意した特殊な例である。

徒弟制度再考

日常使いの品々や各種道具を作っていた職人たちはこの国から姿を

消そうとしているし、すでに消えてしまった職業も数多い。彼らのほとんどが徒弟制度のもとで育ってきたのだが、職人を育てた徒弟制度そのものが姿を消してしまって久しい。

徒弟制度が消えていった理由はさまざまあるだろう。技能の伝達の新たな方法としての訓練所や各種学校、体に技を教えさせる適齢期の若者たちを縛り付けた義務教育、修業中の徒弟を途中でかり出した徴兵制度、技や技能を教科書や学校で教えられると錯覚した教育者たち、十年の修業の末に身につけた腕を振るえなくした社会、働くことが生きる方法であることを忘れさせた社会観念、体を動かす労働を疎《うと》ましく考えるようになった浅はかな風潮、身に合った美しい道具よりも大量生産の安物を買うことを美徳と考えた人たち、消費の常識に犯されたこの国……。

あげればきりがないが、もう一度職人を育てあげた徒弟制度とは、どんなものであり、師匠は弟子に何を教えてきたのかを考えてみたい。弟子たちが師匠の家に住み込んで、同じ現場や仕事場で働き、一緒に寝泊まりし、修業を積んだのは、一人前の職人として生活していけるようにするためであった。

何も住み込まなくても、学校で学ぶように仕事のときに通って技だけを教わればいいじゃないかと思う人もいるだろう。説明もなく、見て覚えろというばかりで、あとは技や仕事とは関係のない子守りや掃除や食事の支度や荷物を届けるなどの使い走りばかりで何年かを費やすなんてもったいないし、不合理だと思うに違いない。

もっとわかりやすく、言葉で説明してくれたらこんなに長い時間をかけなくても覚えられるだろうにと、幾世代もの徒弟たちがそう思いながら苦労を重ねてきた。

この言葉は、徒弟制度で育った職人たちからも何度も聞いた。教えもせずに、よく叱られ、げんこつをもらったと。

こうした教え方はすべて古く、間違いであったのだろうか。

ここに二〇〇〇年一月二一日金曜日の『朝日新聞』夕刊の切り抜きがある。

「『わざ』の記憶は小脳で」と題した記事で、自転車乗りや楽器演奏などを体で覚えるときには脳のどの部分に技が記憶されるのかを、磁気共鳴断層撮影を使って調べたものである。これまでは、技の記憶は大脳という考えが強かった。それが小脳に記憶されていることが判明したというものであった。

「小脳には、はじめ大量の誤差の情報が送られてくるから、広い範囲でそれに対応しようとするが、やがて狭い特定の領域が『正解』を覚える」ようになる。やがて「意識しなくてもうまく操作できるようになるのは、このように小脳だけで対応するようになるからだ」。これまで「小脳は動作の誤りを修正するだけだとする説が有力」で「技を覚えるのはやはり大脳という考え方が強かった」、ほんらい「小脳は、体の平衡を保ち、筋肉を調節するなど運動に深くかかわっている」器官である。

こうしたことが判明したと七段抜きで報じられていた。詳しい記憶の部位や試験方法、脳の構造などはわからないが、技《わざ》は、言葉や形の記憶とはまったく別の部分に蓄えられるということが科学的に実証されたということであった。

技は言葉のように短時間では記憶できないということは、職人たちは長い経験から知っていた。技はいくら言葉でいってもわかるものではない。やってみて体が覚えなくては仕方がないのだと。

体が技を記憶するには繰り返しやってみるしかない。そのために徒弟制度というまどろっこしく、時間のかかる制度が採用されていたのである。

職人は小脳に技を記憶させるとはいわず、「手に技を記憶させる」「体に染み込ませる」といってきた。技や感覚、連続する動作、道具の研ぎ具合、作業の仕上げなどを言葉にすることは難しい。

親方として弟子を抱えた経験のある職人は「教わるより教えるほうが難しい」という言葉をよく使う。教えようにも言葉にはできないのだ。何をどうするかをいうだけなら簡単である。大工でいえば「この板を真っ平らに削っておいてくれ」といえばいい。竹細工の弟子には「細く美しいひごを作っておけ」といえばいい。しかし、技が身についていないものには、真っ平らがわからず、美しいひごとはどういうひごなのかがわからないのである。

技は機械の操作とは違って、それだけを人から切り離すことはできない。技は人に付いているのである。

手順だけを述べるのなら、職人たちがすることは簡単な工程に書きあらわすことができる。道具も、現在の工場の精密機械に比べたら、実に単純なものである。

大工の鉋や鋸、鑿はほとんど変化していない。竹細工師の道具は相変わらず刃物一本でいい。釣り針を作るにしても、三代、四代前の江戸期・明治期の職人が使った道具そのままである。ザク屋根や檜皮《ひわだ》を葺《ふ》く職人たちもそれぞれの使い勝手によるわずかな調整はあるが、昔からの道具をそのまま鍛冶屋に注文で作ってもらっている。

この単純な道具で製品を完成させていくには、それを使う本人を訓練しなくてはならない。技の習得は、体を訓練することである。できる体を作ることが修業である。

これは頭で何も考えなくていいということではない。

師匠のようになぜできないのか、できない理由を考え、試行錯誤を繰り返す。それでも簡単にはできない。簡単にはできるわけがないのである。体が記憶を終えていないのである。人はさまざまなことを考える。しかし、工夫や反省だけでは体は動かない。まず、弟子たちはそのことを知らなければならない。

高村光雲《たかむらこううん》(彫刻家で詩人の高村光太郎《たかむらこうたろう》の父。一八五二〜一九三四)が残した、『幕末維新懐古談《ばくまついしんかいこだん》』(岩波文庫)の中に、木彫家のところに弟子入りしたころの話が残っている。

弟子や丁稚《でっち》になるには適当な年齢があるというもので、一一歳が奉公始め、一二歳が奉公盛り、一三から一四歳ではとうがたちすぎて使うほうが使いづらい。一四歳にもなってどこにも奉公に行かずにぶらぶらしていると「あれでは貧乏するのも当たり前だ。親たちの心得が悪い」といわれたという。

当時の奉公は十年で、それに加えて一年のお礼奉公をして一人前だった。仕上がれば、師匠のもとで働くにしろ、別のところに出るにしろ、一人前の職人として手間賃がもらえた。その年が二二、三歳、大人になる時期だったのである。大人は自分で稼ぐことができて始まったのである。

奉公の期間を勤め上げられないものはろくでなし、取るに足らぬヤクザ者として町内でも排斥されたという。

弟子入りし、素直に親方のいうことを聞き、親方のすることのまねができ、吸収するためには世間を知りすぎていては難しいというのは、今も昔も変わらない。

一九歳で弟子入りして大工になった方に話を聞いたことがある。

「やっぱり、年をくってれば素直には聞けねえんだ。親方のあらも見えて来るし、いっぱしに批判もするからな。結局、損するのは自分だし、親方も大変なんだ」

自我が目覚め、叱られるたびに人格が否定されているような気になり、反発していては素直には覚えられない。世間が見え始めても難しい。自分が置かれている地位を不満の目で見るようになるからだ。頭では自分はまだ未熟だといいきかせても、欲望や不満は頭をもたげてくる。それを押さえつける余分なエネルギーを使うよりは、素直に聞ける時期に奉公に行けというのである。

他人の生活、お金のこと、楽しい遊びが気になっては、どうしても修業を急ぎたくなる。早く覚えたいのは、誰でも思うことだが、間をとばしたり、試験にだけ間に合えばいいというような考えでは職人は生きてはいけない。

修業は、自分が生きるための手段を身につけるのであるから、一人前にならなければ外には出られないのだ。

師匠は器用にこなすものに注意を与える。なまじ手先が器用だと要領がよくなってしまう。そして血のにじむような苦労をしない。結局はそれが仕事に出てくるのである。

近頃は希薄になったが、人は職業に就かなければ生きていけないと知っていた。

そのためには、手に技をつける、商いを知る、田畑を耕す、漁を覚える、人さまざまであったろうが、生きていくためには職業に就かねばならなかった。まっとうな職業に就かぬ者はヤクザ者であり、ろくでなしであった。

時代は変わり、現代のようにほとんどがサービス業に属するようになり、職業意識の薄さが蔓延《まんえん》してしまうと、職業イコール人生という考えは薄くなってしまった。職人のいた時代は、自分がいかに生きていくかを仕事の選択にかけ、技を習得することがすでに生き方を決める時代であったのである。

そのために職業を身につけるのに適当な年齢があって、その年齢は頭も体も若く、成長期以前であることが望ましかった。

若い時代のすべてを学校での勉強にゆだねてしまった現在、手や体に技を記憶させる年齢は失われつつある。すでに出来上がった体を、別の職業に適した体に作り変えることは容易なことではない。若年であれば、訓練を積みながら、その仕事に適した体を作ることができる。その体に技が染み込んでいくのである。そして仕事に適した体は無駄がなく、疲れを知らずにすむ。それが、成長期が過ぎた高年齢で修業を始めると、まず体をその職業に適応させていくか体を改めて作りあげるというハンディを伴う。頭だけは仕事を理解しているのに体がついていかないことは焦りや葛藤《かっとう》を生み出す。焦りはまわりを見渡させ、没頭する心を邪魔する。

宮大工の小川三夫さんが初めて西岡常一氏の門を叩いたのは、高校を卒業してからであった。西岡氏は仕事がなかったこと、宮大工の仕事では食えないこと、そして弟子入りするには年がかちすぎていることを理由に、弟子入りを断っている。

叱られるには、叱られやすい時期がある。ある時期を過ぎた大人は叱られることを素直に受けるよりも自己防衛やプライドが先に出る。叱られて素直に受け入れられるには、性格にもよるが、年齢が低いほど反発が少なくてすむ。

師匠も技や材料の扱い、一個ずつ違う製品の仕上がりを、言葉では納得がいくように説明できないのである。師匠はやってみせ、弟子のものとどう違うかを覚えさせるしかない。言葉が介在しないところにはもどかしさ、苛立《いらだ》ち、さまざまな感情が怒りとなって出る。その一見理不尽な怒りに、我《が》を張っていては、素直に修業の場に立てない。とにかく、長い時間をかけて、師匠の技を写し取るしかないのである。そのためには、繰り返し、納得がいくまでやり、手の感触、道具の手触り、製品の仕上げ具合いを体に覚えさせていくしかない。失敗を繰り返し、成功の道を探り、それがわかってきたら、自分のものにするために手や肩や腰や指先に記憶させねばならないのである。

満足したら終わり

住み込みで修業をするのは、師と共に生活することで、身も心もすべてをのめり込ませ、その職業の生活とはいかなるものかを知るためである。

桶職人《おけ》には桶職人の生活があり、宮大工には宮大工の、竹籠屋《たけかごや》には竹籠屋の、屋根屋には屋根屋の、木挽《こびき》には木挽の生活があった。

会社勤めのように始業の時間が来れば、竹屋になり、籠を編み、時間が過ぎればサラリーマンのように仕事を離れた個人に戻る、というわけにはいかなかった。

職人は職業そのものが生活であったのであり、生活そのものが職業であったのだ。それは職人一人だけの問題ではなく、妻や子供たち、老人たちをも取り込んでの職業であったのである。

技を身につけただけでは生きていけなかった。材料を仕入れ、作り上げ、それを問屋に卸《おろ》すか自分で売りさばくかしなくてはならない。

職人は孤立して技だけで生きていくことはできなかった。仲間内の約束事、親方、兄弟子、弟弟子、お得意先など、さまざまな人々とのつきあいがあり、それがスムースにいかなければ、職人としてやっていけなかった。

ザク屋根師の雲雀佐太雄さんは仲間内での礼儀の厳しさを話してくれた。

昭和二二年生まれの小川三夫さんも弟子入りを許された後、西岡氏と一緒に食事をしながら、汁・飯・菜の順で食うことなど、日常の食事の作法も教わっている。

こうしたことは代々の家業であれば、親や兄たち、祖父母の様子から知らず知らずのうちに身に付くことである。

日々の言葉や行動、お辞儀の仕方一つ、言葉のやりとり、作業場に流れる職人同士の会話、職人と問屋の会話、お得意さんに対する物腰、仕事に伴うさまざまな道具が奏でるリズム、音質……生活は知らず知らずのうちにさまざまなことを体に染み込ませる。いちいち意識してこうしたことを判断していたのではスムースなやりとりはできない。

違う生活をしていた家から弟子入りしたものは、こうしたことをすべて身につけていかなくてはならない。そのために仕事以外にも師匠と寝起きを共にし、一緒に暮らす必要があると考えたのである。

生活を共にすると、師匠が何を考え、何をしようとしているのかを感じ取れるようになる。そこに言葉をとおしてではなく、通じ合うものができてくる。

言葉のないところで技を覚えることは、師匠の方法を素直に写し取ることである。

十年の修業を積んでいると、歩き方や仕事の仕草まで師匠に似てくるという。師匠の仕事、兄弟子の仕事、ほかの職人の仕事、注文主の批評、問屋の小言、出来上がった自分の製品を見るにつけ、どこまで完成させることが自分たちの仕事であるかを知ることになる。

中途半端で満足してしまった職人はそれだけの評価しかされない。修業の十年は完成の時間には短すぎる。職人の誰もがいう。

「満足したら終わりじゃないですか」

やるほどに疑問が生まれ、未熟な部分が見えてくる。職人として腕は当然磨かなければならないが、そこでは人間としての完成も必要となってくる。弟子は師匠のもとで生活を共にしながら、仕事を学ぶのであるが、そこでは技だけではなく、職人としての生活の仕方、社会人としてのあり方などを身につけていくことになる。弟子は師匠のところで職業の倫理も学んだのである。

いいものを送り出す。少しでも腕を上げる。丈夫なものを作る。自分らしいよさを出す。同じように見えても素材や作り方、技、職人の感覚によって出来上がったものには微妙な差が出る。使い手はそれを見抜き、自分好みの職人を選んだ。選ばれなかった製品は売れ残る。形が悪かったり、仕上げが美しくなかったり、使い勝手が悪かったり、選ばれないものにはそれなりの理由がある。

職人が受け入れられ、活躍していた時代には、使い手と作り手はすぐそばにいたのである。作り手の顔が見え、誰が作ったのかを知って買っていったのである。

作り手も、使い手の顔を知っており、時には言葉を交わす仲であり、使い手の癖を知って、それを読み込んで製品を作った。形がよくても使い勝手が悪ければ、消費者は作り手に文句をいった。直接いえなければ、売り手や問屋を介して不評は伝わった。丈夫さは欠かせない要素であった。丈夫さ、使い勝手、扱いやすさは機能美を生み出す。職人たちが作り出した一つひとつの製品に美しさを感じるのは、職人の美観もあるが試行錯誤が生み出した機能美でもある。

現在のように工場が大量生産によって製品を送り出すのとは違う。工場の製品は均一で差がなく、作り手の顔がない。工場が送り出す製品の基本は効率の一言でくくられている。効率とは安さのことである。工場製品、大量生産品は消費者の選択の基準を、使い勝手や、美しさなどを置き去りにし、まんまと価格の競争だけにすり替えてしまった。安さのもとに、現代人はほかの選択基準を捨ててひれ伏したのである。

もし、職人たちが使い勝手や形の美しさ、丈夫さを無視して品物を作り出したとしたら、笑い飛ばし、軽蔑したものである。そういうものは恥ずかしいものであり、そういうものを送り出すことは卑《いや》しいことであったのだ。

使い手もそうである。自分の体に合わぬものを使うことはなかった。着るものが合っていなければ無様《ぶざま》であったし、手道具であればすぐさま作るものに影響した。安いからといって、どうでもいいものを使うことは効率を悪くすることであり、結局は損につながったのである。体に合った道具は、修理し、補強し、可能な部分は取り替え、使いきれなくなる最後まで使ったのである。

日常品でもそうであった。竹やアケビ蔓などの籠でも壊れれば直し、取っ手を付け替え、角を補強し、長持ちするように日頃から手入れを怠らなかった。

本当に豊かな生活というのはそういうものではないだろうか。

自分の体に合った道具で、自分の最高の技を発揮する。作り手も使い手もそういう生活をしてきたのである。職人が姿を消したとき、私たちは何を失ったのだろうか。

徒弟制度と共に失ったもの

徒弟制度と共に何をなくしたのか、職人が消えることで、何が変わってしまっただろうか。職人育成の手段であった徒弟制度とはどんなものであったかを追いながらそのことを考えてみる。

徒弟制度を学校の先生と生徒のように考えている人がいるが、それは違う。

学校の先生は数学やら理科やら地理やらの教育の専門家が、教えることを生業にしている。そして生徒は授業料を払って、学びに来ているのである。教えてもらうことを生徒たちは当たり前と思っている。

中には自分が覚えられないのは、教える先生が悪いと思っている生徒や親もいる。

覚えたくない、覚える意志のない者にいくら教えたところで覚えられるはずがない。結局、そんな状態で押しつけられたことなど、社会に出ればなんの役にも立ちはしない。かつては先生を師と呼んだが、今はそんなふうに考える生徒や親がいるだろうか。彼らは先生たちを、生きていくうえでの師とは考えてはいないのである。

職人の場合は違う。

現在もわずかに徒弟制度的職人育成手段をとっているところもある。そうしたところに弟子入りした若者の中には、初めは学校と勘違いしているものもいる。だから、入門したての弟子たちはさまざまに不満をいう。いわないまでも心の中には不満がたまっている。

「何も教えてもらえない」

「叱られると思ってきたが、叱られることもない」

「教えもせずに叱る」

弟子入りしたときには、同じ年齢のものや少しばかり年上の兄弟子たちと一緒に暮らすことがある。そんな場合は、学生時代のクラブ活動や合宿のような気分になるものもいるが、短い時間のうちにそうでないことに気がつく。誰も一緒にふざけたり、遊ぼうとしていないことを知るからである。

師匠のところは、学校とは違う、仕事場なのである。

代金を払って使うために頼んできた依頼主がいるのだ。仕事とは、実際に使うものを作り、それを渡すことで評価を受け、代価を受け取るところなのである。

何度か息子を宮大工の弟子に入れたいという親に会ったことがある。

「うちの子は手先が器用で、しっかり教えてもらえば、何とかなると思う」

少なくとも十年の修業があるし、手先の器用さは関係ないのだと話したが、聞く耳を持たなかった。子供の器用さと大工の技は違う。下手な器用さは修業の邪魔になることはさまざまな職人たちが話すとおりである。

親も子も教えてもらうつもりでいるのである。学校の先生と徒弟制度の師を勘違いしているのである。一世代前までの徒弟制度のイメージは「叱るだけ」「言葉なしに殴られた」「技は盗め」というものであった。

昔も今も、どの職業も、弟子をとった職人は師であっても、先生ではない。その道では優れた職人ではあるが、上手な教育者であるわけがない。

どの時代でも、いい師匠の教え方がうまかったわけではない。誰もが殴られたり、げんこつをいくつももらって、半分は「この野郎」「殴らなくたって口でいえばわかるのに」とくやし涙を流して技を身につけてきたのである。

そうした思いをしながらも、自分が師の立場に立てば手も出るし、怒りもした。そして教えることの難しさを身をもって知ることになる。

一人前になった職人は「技は自分で盗み、覚えるしかないこと」を知っているからである。

一人前の職人になることはその職業にあった体を作り、その職業に見合った技を体に覚えさせ、いつでもその仕事のことを考える姿勢を習慣づけ、そしてその職業で生きるための倫理と社会の中で自分たちがはたす役目を知ることにある。

それを教室や教科書や言葉ではなく、現場や仕事場で仕事をしながら教えるのである。

人はどうやってでも死ぬまでの長い時間を暮らしていかなければならない。

生きていき、家族を養うためには仕事をしなければならない。人は職業を持つことで一生を生きていくのである。職業を離れた人生というのはなかった。その基本を身につけさせてくれる環境を与えてくれるのが師であった。

職業は紙の裏表のようにその人の一生から切り離せない。その職業意識が、多くの人が会社員になることで生活が保障されるようになり、変わってしまった。

身につけた技で生きるのではなく、会社に所属することが生きる道になってしまったのである。会社を選ぶこと、いい会社に入ることが生きていく一つの方法なのである。そのためには学歴が偏重され、師のもとで学ぶはずのモラルや倫理や義理や思いやりなどを忘れていった。

自分の生きる術《すべ》である職業観さえ希薄になってしまった。

中には学校の生活をそのまま持ち込み、いい大人になっても「教わっていなかった」「いわれてなかった」「聞いていません」と答えて自己責任を逃れようとするものもいる。

師のもとでは、学ぶことはできても、教えてもらうことはない。常に「見て覚え、やって間違いを知り、繰り返して体に覚えさせる」のである。「なるほど」と思えるのは、できるようになって初めてのことである。

今は最低賃金法にもとづいて、初めて入った弟子でも、何もできない未熟者でも、さらには技を学びに来たものでさえ、法律で決められた最低賃金を保障されている。かつては弟子たちは、食べること、寝ること、粗末な衣類は支給されたが、ほんのわずかな小遣いをもらうだけであった。

弟子たちは、掃除や走り使い、子守りをさせられた。それは弟子たちが教わる場を与えられたことに対して支払う授業料のようなものでもあった。彼らはお金ではなく、自分ができる労働でそれを支払ったのである。またその雑用そのものが、職業を知るうえで大事なことでもあった。

だからといって弟子は常に足手まといなだけの存在だったわけではない。

未熟者にも、師からしてみればしてもらえる仕事があり、役に立つことはあった。時にはいなければ困る存在でもあった。

秋田県角館町には山桜の皮を使って茶筒や盆、文箱などを作る樺細《かばざい》工《く》という手業がある。この仕事をずっと続けてきた小柳金太郎《こやなぎきんたろう》さん（一九二一年生まれ）は師匠のもとで修業をしたが、初めのころは出来上がった細工物の磨きをやらされたという。

樺細工は磨けば光沢が出る。仕上げに、磨き上げて、問屋に届けるのだ。途中作業の磨きは木賊《とくさ》や椋《むく》の葉を使った。そして仕上げには布で磨きあげた。この磨きや、出来上がった製品を届け、材料の受け取り、仕分けなどは熟練者がやらなくてもできる。膠作《にかわづく》りなどは、加減は難しいが家族のものや入門したての弟子たちでもできる仕事であった。製作の工程には入らぬような雑用ではあるが、仕事には欠かせない。弟子や妻など家族がいなければ、職人自らがその仕事をしなければばならない。職人の仕事は手間賃で成り立っており、いかに数をこなすかが重要なことであった。そのため、自分がしなくていい仕事はしてくれる人がいたほうがいいのである。その作業のために払う余計な賃金はない。弟子や家族にやってもらえれば、職人の仕事ははかどる。未熟者でも十分に役に立つのである。職人仕事にはこうした未熟者や年とって体が利かぬものをも組み込んでいく作業があった。

弟子にとっても雑用をこなすことは大事な修業のひとつであった。師匠の作り掛けの品や完成品を手に取ることができる絶好のチャンスでもあったのだ。

宮大工の小川三夫さんが西岡棟梁のところに弟子入りしたとき、納屋の掃除をさせられた。そこには師の道具や図面が置いてあった。その納屋を掃除しろということはそれを手にとってもよいということであったと理解したという。与えられた仕事をどう受け取るかは、受け取る側の姿勢の問題である。

職人たちは仕事場の整理整頓を喧《やかま》しくいう。そうしたことは熟練者の仕事ではなく、未熟者の仕事であり、その仕事が十分にできるようになると、師匠の動きや目の動き、話しぶり、口調で、次に何を欲しがっているか、何をしようとしているかがわかるようになる。手順や段取りを気配りすることで覚えていくのである。そしていつの間にか同じことを思い考えられるようになっていくのである。

小柳さんがそうなったとき、師匠は、これを削ってみるかと樹皮をこそぐ仕事を与えたという。師は弟子の作業を見ながら、次の工程にあげる時期を知るのである。そこには規定のプログラムや期限で進級する学校のようなシステムはない。

徒弟制度の基本は、教わりたい弟子が師のところで技を見て覚えることにある。覚えたものだけが次の工程に進むことができる。

師の教え方は単純である。

そばに置いてやって見せることと、間違ったときに叱ることである。職人の師匠は弟子をほめることはない。学校の先生が生徒にするように、ほめて喜ばせる必要はないのである。学校のように、やる気のない生徒にやる気を出させる必要はない。やる気のないものはやめていくか、置いていかれるか、やめさせられるか、いずれにしろ前に進むことはできない。

師は間違いや手違いや、手順の違いや、材料の扱いや、道具の不整備を厳しくとがめる。そのままでは基準を満たす製品が採算の合う時間の中でできないからである。師匠が何もいわなくなるのが、やっと一人前の仕事に近づいたしるしである。

弟子は叱られて育つ。

教育の専門家ではない職人が自分の持っている技を弟子に植え付けるには基本的に叱ることとしかない。弟子には理不尽に思えることであろうが、師は先生ではない。教えなくてはならない義務はないのである。預かったからには一人前の職人に仕上げたいとは思うが、それはすべて弟子次第なのである。そして、教材はすべて、原価の掛かった大事な商品である。師匠はそれを手伝わせ、仕上げながら、自分の技を弟子に伝えているのである。

弟子ができなければ師匠は叱る。

「そうではない。今までそばにいて何を見てきたんだ」

言葉より先にげんこつや板きれが飛んでくることもあった。自分の名で仕上げられる品物をおろそかにはできない。ペースも弟子のために落とすわけにはいかないのである。

師匠は弟子の食事や生活のすべてを自分の仕事で支払い養わなければならない。小川三夫さんが西岡氏のもとに初めて弟子入りをお願いに行ったときは、「仕事がないから」と断られた話は前にした。それはひとつは現場がないから育てられないという意味であり、もうひとつは経済的にも家族を養うのが精一杯であったからだ。職人の手間賃というのはいつの時代も余裕のある額ではない。

古い話になるが、高村光雲は自分の本の中で弟子をとるために自分たちの生活を切りつめなくてはならない事情を話している。

「弟子をとるために三度の食事を二度にしなければならない覚悟がいる」

小遣い程度のお金しか払わず、盆・正月に着物や下駄《げた》を与えるだけであった昔でさえも、こうだったのである。

今は入門者にも賃金を払わなくてはならない。最低賃金法は、技を教わりに来た弟子にとっても師にとっても、いいものではないと思う。

本来は、自分の技に対して、応分の支払いを受けるのが職人の基本である。

早く一人前の扱いと賃金を手にするために弟子たちは我慢を重ねて修業を積んだのである。身につけなければ、自分が損をするのである。学校とは違う。甘やかしは、学ぶものにとって障害でしかない。差別なしに、みんなが一律同じ扱いというのは戦後の民主主義がもたらした悪弊である。人は生きていくときに、個人に戻る。まして職人は自分の腕だけを頼りに家族を養い、社会を生きていく競争原理にもとづいた世界である。

職人の師匠は弟子を一人前に仕上げていくが、それは商売敵を作る作業でもある。弟子にしても一番のライバルは師匠である。学校の先生と生徒との間にそんな関係があるだろうか。師匠が弟子を叱るにはそれだけの意味を込めているのである。

余分な話であるが、現代の教育では叱られる、叱ることがなくなって、人を育てる方法に欠陥が生じているのではないだろうか。人は叱られて育つ。叱られることに馴染んでいない現代の子供たちは叱られ下手で、それゆえに大きな欠陥を残している。

職人を消したもの

高村光雲が自分の生活を切りつめてでも弟子をとった理由は、自分を育ててくれた木彫の伝承者を育てるためであった。このまま廃《すた》れさせるわけにはいかないという思いで弟子を育てようとしたのである。

明治・大正期にすでに職人や手仕事が消えていくことが心配されて

いたのである。

近頃は、すべての手間・時間の掛かることが避けられるようになった。生活の中から手や体を動かす作業が消えてきている。家庭電化製品のほとんどは手間を省き、短い時間ですますために開発されてきた。手間が掛かるということは価値の低いことなのだろうか。煩《わずら》わしいことなのだろうか。

それを避けることで私たちは何を失ってしまったのだろうか。

職人の作るものは、機械や工場が送り出すものに比べれば大変に手間暇の掛かるものであった。

かつて、農家の人たちは手をかけて作った「いい品物」を市場に送った。選別し、恥ずかしくないものを出荷し、傷のあるもの、形の悪いものは自分たちで食べた。

売るものは「いいもの」でなければならなかった。

職人たちも同じである。傷物、出来損ないを出すことは自分の名折れであったし、間に入る問屋も厳しく商品をチェックし、容赦なく不出来なものは突き返した。誰もが次も使ってもらえるように、お得意さんを大事にしたのである。使うものの目から自分が作ったものを見たのである。

そこには作り手の事情や言い訳はなかった。

私の実家の隣は樺細工職人さんの家だった。いい腕を持った職人さんだったが、彼が亡くなったとき、息子さんたちは他の仕事についており、引っ越していった。最後に挨拶に見えたとき、「親父が残したものです。使ってください」と一個の茶筒を置いていった。

その茶筒を見たときに、職人は自分が作ったいいものはすべて他人のために提供していたのだということを痛感した。いいものは他人のために。いいものを商品に。これは職人たちが長い時間をかけて自分たちの存在を維持するための倫理であった。私はその心意気を知り、その茶筒を大事に使っている。

こうした背景があったから「売っているものはいいものである」「買ってくるものは大事なもの、高級なもの」という常識ができた。

農民たちに現金が自由に入らなかったころは、金を使わずに、自分で使うものを自分で作って間に合わせた。どうしてもいいものが欲しいとき、自分で作れないものは、金を出して買った。

売られている品物はそれに応えられるものでなければならなかった。大量生産・大量消費、安価は、選択の第一の基準という常識が広がる前の話である。

使い手、作り手が同じ地域に住む場合、品物に作り手の名前が付いているようなものであった。誰が作ったかをみんなが知っていたからである。そこには値引きの競争も存在したから、職人は厳しい目に囲まれて品物を送り出していた。

物事にはいつでも裏がある。恥ずかしくない品物を送り出すという言葉があるからには恥ずかしいような品物を送り出すこともあったのである。それを選ぶのは使い手であった。使い手はいいもの、悪いものの判断をし、自分にあったものを選んだ。

まだ大量消費が常識でなかったころは、丈夫で長持ちし、使いやすいものが選択の基準であった。それが、いつの間にか、安価で手間の掛からぬ商品が選ばれ、店頭を占めるようになった。

その変化には過渡期があった。町家《まちや》の大工さんから聞いた話である。

「道具は、金があるときにはいいものを買ったさ。それで自慢もしたが、自分のためだ。いいものは仕事が楽ではかがいくから。それでも安物も買ったよ。安物は昔からあるんだ。悪いものは安い、昔からそうだ。どの時代だって下手なものを作るやつはいるし、それを安く叩いて買う商人がいたのさ。そういう道具を現場に売りに来るんだ。店に並べてあったら、そういうのは売れない。安いからって買うのは素人さんだ。現場で家を建てていれば、昼飯や一服のときに道具屋が品物を持ってくるんだ。それで道具を見せるんだ。いい道具もあれば、安いもんもあった。名のある鉋をどうしても欲しくて月賦で買うときもあるが、現場だから今すぐに必要なもんもあるわけだ。安くてもいい、間に合わせでいいと、そのときは思うんだ。それで安いものを買うだろう。結局一回限りでそんなものは嫌になるし、使い勝手が悪くてだめよ。うっちゃってしまう。結局高いものにつく。こんなことを繰り返して、使うほうも利口になるわけだ。いいものは最初の値段は高くても、体は楽だし、はかがいく。長くいつまでも使う。高くはないってことだ。それでまた同じものを買うって気にもなる。お互いそのほうがずっといいってことだ。買うほうも勉強よ」

しかし、今は大工の道具箱には使い捨ての替え歯の鋸が入っている。

目立てがいらず、切れるのである。これはじつは正確な言い方ではない。目立ては歯が硬すぎてできない。硬い歯であるから初めの切れ味はいい。そして切れなくなったら、替えるから切れ味はいいのである。

道具選びに手入れや目立てという使い手の常識が面倒さというマイナスの要因として定着してしまったのだ。道具使いの専門家である職人がこうだから、素人は推して知るべし。

プラスチックのざるは、使った後も、竹のざるのように乾かす必要がなかった。何しろ安いのである。こうして風呂の道具から水まわり、玩具、文房具、事務用品、運動用品から果ては武器までプラスチックはすべてに普及した。

手間を省《はぶ》くことができる。古くなったら捨てて買い換えればいい。

新しく受け入れやすい思想であった。

使い捨ては贅沢《ぜいたく》に見えたが、清潔で健康にいい、大事な時間が手に入る、軽くて体に負担が掛からない……いくつもの要因を数え、最後に安いことで使い捨ての製品が世にはびこった。それにはそれなりの思想が付いていることを知らずに。

こうして便利さと手間いらずはひとつの目標として設定され、茶碗を洗うこと、掃除をすること、洗濯をすること、鉛筆を削ることなど、すべてに簡略化が進んだのだ。こうして手間を省くことによってできた時間が人間を幸せにしたかどうかはわからない。

しかし、人々は手間を省くことで楽しい時間が過ごせると疑わず、そのことを選んだのである。

素材は弱点を補いながら開発、進化を続け、さまざまな分野から手でものを作る職人を駆逐《くちく》していった。

新たな素材の模索の中には自然素材への回帰という発想はなかった。素材を育てて使い続けるという考えもなかった。一度に均一のものを大量に手に入れることが大命題であった。大量は安さに繋《つな》がり、何より工場の機械はいっぺんで大量の製品を作ることが目的で、素材は均一でなければ機械は止まってしまうのである。一本一本が違う自然素材は選択基準の範疇《はんちゅう》にはなかったのだ。

家庭用品も学用品も、家屋や遊び道具、航空機や船、電化製品など、生活のほとんどすべてを覆い尽くす分野にまで新素材を使った大量生産品は広がっていった。初期を除けば、そこには職人の存在は不要であった。
職人は消えていかざるをえなかった。
そして、積み重ねた技や経験を必要としない時代がやってきたのである。

経験を必要としない時代

職人たちが作る丈夫で、長持ちし、使い勝手のいい品物を拒否し、工場から送り出される大量生産・大量消費の安価な品物を選んだ結果、どうなったのであろうか。

あれほど喧《やかま》しく素材の出所を尋ね、手に取り吟味してきた人たちが、素材を吟味しなくなった。知らぬ素材で作られた品物を簡単に受け入れてしまうようになったのである。

ものを大事に使うということもなくなった。手をかけ精魂を込めて職人が作ってくれたものを粗末に扱うことにはためらいがあった。そして粗末に扱えば、せっかくの品々、道具が壊れてしまったり狂ってしまうのである。

修理をして道具を使うということがなくなった。安いのだから買い換えればいいのである。修理して使い、使えるところだけでも残すという思考は消え、故障すればすべて丸ごと取り換え、買い換える習慣が根づいてしまった。壊れたら買い換える。古くなったら捨てる。使い捨てが新しい常識になったのである。そうなれば、修理の発想はもとよりないから、修理は買うよりも高いものに付くという逆さまの時代がやってきた。今、子供たちや若者たちには修理の発想はない。世の中からそういう考えが消えてしまってから生まれてきた子供たちなのである。

おかげで長い時間でものを見るという考えが消えてしまった。長い時間のものの見方ができないところに文化は生じない。国民に長い目でものを見、行く末の像を描く訓練がなくなると、そこから生まれた政治家や指導者もそうした資質を失っていく。この国は今その泥沼にはまりつつあるのではないだろうか。

こうして作り手が誰であるかを確認しなくなった。作り手という人格が消えてしまったのである。ブランド品という品選びの基準があるが、あそこには見る目を失った安易の基準が生まれただけで、使い手の厳しい目はない。

規格品が市場を占め、選択の幅がなくなり、自分の体に合わなくても、使い勝手が少しばかり悪くても我慢して使うか、道具に自分を合わせるようになったのである。

職人が作った品物を買わなくなった結果、職人はいなくなり、自分に合った品物が市場から消え、それを「時代の流れ」として受け入れたのである。

時代は人が作るものであったのに、時代は抗《あらが》えぬものとして受け入れられる思考停止の決め手となった。

こうしてもの選びの選択基準に、まず安価であることが大前提になった。

安さが第一の選択基準になると、手間が掛かり、丈夫で、それゆえに作り出された美しさを持っていたものは捨てられていった。各家庭や、社会全体に、便利なものがはびこった。

訳がわからぬが、操作さえできれば、それは使うことができる。素材も、作り方も、原理も、すべて使い手の前から消された。知ろうにも知りようがないものであったし、知らなくても使え、使えば便利であったからだ。そうして狭い家に品物があふれるようになった。必要最低限ですませてきたシンプルな生活は消えた。

新製品を売り込むときの謳《うた》われる文句は「職人の手作りのよさを持って、こんなに安い」「手入れ要らずで、清潔」「従来にはない素材を活かした新しいデザインが産み出した使いやすさ」と、職人技のよさを利用し、それを超える品物であるといったのである。これは今でも使われる売り文句である。まだ、人々の記憶に職人や手作りのよさへの思いが残っているからである。こういうのを文化の粘着、余韻というのかもしれない。

消費者は、結果的に工場からの大量生産品を喜んで受け入れた。長い修業を必要とした職人たちは消え、経験をすべてデータに置き換えたコンピュータが機械を操作して、ものを作り出す時代になったのだ。

十年の修業時代を経て、さらに精進して手に入れられた名工の仕口の技は今やコンピュータ制御の機械で、数分のうちに、木の性質や鋸の使い方さえ満足に知らぬものにも刻むことができる。それは図面が指示するものとミリ単位以下の狂いもない。

昨日まで山にあった木はそうやってすぐに家の一部になる。こうした機械では、木は個性のある素材としてではなく、工場製品並みの均一な素材として扱われる。

機械は個性を嫌う。個性を認め、違いを確認し、一個ずつ受け入れることとは、手間が掛かり、煩わしいことなのだ。すべてはスピードにある。速さという効率が最優先である。

コンピュータ付きの機械を使用するのに必要なのは、正確な設計図を書くことと、それを入力し、操作するオペレーターである。

そこには木の癖を見て組むという経験も、鑿《のみ》を扱う技も、その木組みに至るまでの試行錯誤もなく、ただ数億円という金額を払えば購入できる便利な機械があるだけである。

辛く、時間の掛かる経験が産み出した結果が、お金で買えるのである。実際に、そうして出来上がった仕口は名人が作り出したものと変わらない、寸分の狂いのないものである。

そこには経験や技を持った人間は不在である。

しかし使われた木は癖を失ったわけではない。建物になってから暴れ出し、家をきしませるのである。伐った木を寝かせ、癖を出し切り、その癖を生かして使うという発想は忘れられてしまった。

機械のオペレーターにはその技も知識もない。彼には癖を読む術は必要もない。彼の目の前に素材があるのはほんの数分でしかないのだ。

建築に限らず、かつて職人たちが活躍したすべての分野で、コンピュータ付きの機械が作業をこなしている。

機械とコンピュータに頼る時代は人間の肉体の不要な時代でもある。

そしてそれは手道具の放棄という現象で示された。

手道具は本来、手の延長であった。

師匠たちは常にいった。

「自分の体の一部として自分の道具を使いこなせるようにしろ」

「自分の指先の感覚を伝えられるように刃物は研げ」

かつて職人たちは道具を自分の体の一部として使いこなした。

人は一人ずつ違った肉体を持っている。一人ずつ違った感性を持っている。それゆえに手道具は個人に属するものであった。他人の道具と自分の道具は微妙に違った。鉋にしても鋸にしても、鑿や石工のハンマーにしても、農民の鍬《くわ》や鎌にしても本来は体に合わせ、仕事に合わせて鍛冶屋に頼んだし、自分に合うものを探してきたのである。ましてもっと単調な道具を使う蔓細工《つるざいく》や竹細工、イタヤ細工、屋根屋などは腕や指先、手のひら、足、歯、体そのものが道具のほとんどである。

道具は体だけでは補《おぎな》えないところから作られ、工夫を重ねて発達してきた。そこには体の一部を補うという考えが残っていた。

手道具を使いこなすにはそれを使う人間そのものを訓練し、育て上げなければならなかった。指や足は体の一部である。そこに技を身につけさせ、記憶させるのだが、足や指先は、そこだけを切り離しては考えられない。常にその人の一部として使い得るのである。

考えや感触というのも同じように人に属し、それだけを切り離すことはできない。いずれも師匠からも親からもその手の記憶や体の記憶は譲り受けられず、感触も自ら学んで手に入れるしかなかった。

ものを作るということは、すべて肉体を持ち、思考と感性を持った人間が行う行為であったのである。

しかし、道具は消え機械に代わった。機械や工場は、人の体や感覚の延長としてではなく、まったく独立して存在した別個のものとして、人間に代わるものとして出現し、進化し始めたのである。機械やコンピュータは手道具を押しやり、同時に経験の不要を謳《うた》った。

日本人は自分の手や体でものを作らなくなったのである。日本人の手は今はものを食うためであり、作るためや感触に対する歓《よろこ》びを失ってしまった。何も積み重ねられていない手の持ち主になったのである。

これは物作りに限らない。船を操り、海に乗り出し漁をする漁師たちでも同じである。

漁師は、風を読み、天候を知り、潮の流れを経験から割り出し、自分の船の位置を星やいくつかの山から決めて自分の行きたい場所に着き、確実に漁を上げた。しかし、今はそんなことをしていては、魚を捕ることができない。

長い経験を積み、やっと手に入れた勘と経験が確実な漁を約束した時代は過ぎ去ったのである。

天候はテレビやラジオのニュースで知ることができる。必要とあれば、時間ごとに天候の変化をファックスで打ち出してくれる。観天望気は必要がなくなった。

自分の位置は人工衛星からの情報を利用したGPS（汎地球測位システム）という便利な装置で簡単に知ることができる。かつて、漁師たちは陸上の山を見ながら自分の位置を知り、山が見えなくなれば、そこから漕《こ》いだ時間や潮の速さ、エンジンをまわした時間で自分の位置を推測していた。確実に漁獲を揚げるためにも、確実に港に帰るためにも、そうした技が必要だったのだ。

そのために父や兄と共に漁をし、見習いとしてほかの船に乗り「かしき」と呼ばれる飯炊《めした》きから修業をしたのである。漁師もある意味での徒弟制度であった。

それが、今ではGPSという機械さえ購入すれば、誰もが昼夜を問わず、霧がかかり目の前が見えなくとも、曇天で夜に星が輝かなくとも、どんな海にいても、自分の位置を知ることができる。かつては軍事目的で開発されたその機械は、今は乗用車に積み込まれているほど手軽なものである。

ついこの間まで、ベテランの漁師にとってさえ、海の中は見えない世界であった。

海底の詳細な地図は誰も知り得なかった。だから釣り針を降ろし、錘《おもり》の反応を手探りし、網を揚げるときの岩の掛かり具合から海底の地形を推測し、それを頭に叩き込んできた。経験が漁師の財産であったのだ。

しかし今、魚群探知機は簡単に地形や魚の存在を知らせてくれるし、そう高くもない価格で買えるフロッピーをパソコンに入れれば、海底の地形図や等深線地図が画面にあらわれる。

それに自動操舵装置《じどうそうだそうち》があり、レーダーがつき、船は目的の場所にぴたりと着けられる。イカ釣りを例に挙げれば、漁場に着くとコンピュータに入力された針や糸が作動する。糸のたぐり方や魚の誘い、フェイントまで組み込まれている機械が、糸を垂らしてイカを釣り上げる。人間は釣り上がったイカの処理を担当する。熟練の漁師の役をコンピュータがし、船乗りたちは見習い漁師がやった魚集めをしているのである。

これらの機器を満載しているのは特殊な漁船ではない。今の漁船には小さかろうが大きかろうがほとんどこうした機器を装備している。

こうした機械を装備していないのは、後継者を失った老漁師たちだけである。彼らは残り少ない海での生活を今までの経験と勘ですませておしまいにしようと思っているのである。これは、彼らが因習的で昔のやり方にこだわる頑固な人たちだからではない。

むしろ、漁師は常に新しい漁法を開発し、独自の漁具を作り出してきた工夫新進の人たちであった。海をよく観察し、魚の出没、温度、水温、風の強弱、季節の変化、すべてに注意を払い、環境の変化を知り、それについていかなければ、生活が成り立たなかったからだ。

彼らは変化に素早く対応することを信条としてきた人たちであり、柔軟な考えを持っている。そうでなければ、こんなにめまぐるしく、環境が変わり、道具が開発される時代に生き延びてこれなかったはずである。

麻や木綿の網が使われていたのはほんのこの間の話である。あれほど太く、魚に丸見えの網で漁をしてきたのである。ナイロンができ、今はさらに、目に見えぬほど細く、切れない糸で網は作られ、新製品が出るたびに漁師たちは使いこなしてきたのである。

それでも機器の開発販売合戦はあまりに速かった。そしてそれはあまりに高価であった。経験を積んだ漁師には不必要なものが怒濤《どとう》のように市場に出てきたのだ。

老いた漁師も、新製品の器具を見に行き、ふしだらけの指で一度はリモコンの装置を押してみたに違いない。そして、あまりの便利さに驚きながら、自分たちには不要なものであることに気がついただろう。自分の知っている海には、それは手に余る道具類であった。なぜ自分のいる位置を機械に教えてもらわなければならないのか。自分たちは、生まれ育った近所の海で、長い間使ってきた小さな船、故障したら自分で直せるエンジン、簡単な釣り具か網で漁をし、家族を養ってきたのである。その素朴な道具ですんだのは、裏側にあり余るほどの観察と経験があったからだ。

それでも彼らは常に自信に満ちあふれていたわけではない。いつ来るかもしれない未知の出来事と、経験を超える恐怖があることを予感していたのである。

そういう老漁師たちを尻目に、若者たちは器具類を大きな借金を背負いながらも購入した。ボタンひとつで、すべての操作ができ、誰よりも速く漁場に着くことができる船を手に入れたのである。

彼らの漁獲はめざましいものであった。

若者たちは長い経験や辛い修業の代わりに借金を背負って、新しい船と装備を買ったのである。テレビゲーム、パソコン操作で慣れた彼らの頭には、老人たちが悩み、諦めたパネルの操作が、遊びの延長でしかなかったからだ。

借金に追われた若者は嵐《あらし》の日にも出かけ、稼ぎまくらねばならなかった。老人たちは、ため息をつきながら若者たちの高速船を見ているしかなかった。

老人たちは負け惜しみにいう。

「機械に連れていってもらって魚を釣ってるんだから経験はいらねえわな。その代わり、機械が故障したら、おめえたちは自分がどこにいるかもわからねえべ。いっぺんで海の迷子だ。それでおしまいだな」

彼らは板子一枚下は地獄と信じ、自分の力で漁をし、生き延びることを学んできたのだ。その信条を支えてきたのは経験である。

しかし、勘や経験よりもパソコンの操作が漁の上手下手を決める時代になってしまった。ここには魚とのやりとりはない。海の異変や変化を知り、それを頭の中に経験として組み込んでいくシステムもない。

自分が成果を上げた場所にしろ、他人から聞いたにしろ、漁獲のあった場所は数字として機械に記憶させておくことができるし、そこには一メートルの誤差もなしにたどり着くことができる。それは経験や勘ではなく、すべてが数字というデータである。

後は確率に従って網を降ろしたり針を降ろしたり、だめなら場所を移す。魚の習性を知り、魚群の位置を推測するのではなく、仲間や他人からの情報をもとに移動する。

だから船は速く走らなければならない。速く走り、獲物がいれば揚げ、いなければまた情報を手に入れ、船を走らせるのだ。必要なのは速い船と、燃料。そしてそれらを確保するためにまた走りまわり、よりたくさんの魚を捕らなければならないということだ。

そのために漁師たちは、次々に船を取り換え、エンジンを大きなものに積み替え、新しく開発し売り出される機器類を購入し続けなければならない。

とにかくほかの人より速く漁場に行き、よりたくさんの魚を捕って、できるだけ新鮮なまま市場に届け、すぐにまた走って出かけていかなければならないのだ。

ここでも大量の消費が行われている。

積み重ねた経験が機能しない。

経験を必要としない時代が来たのである。

そういういい方は少し違うかもしれない。経験も勘も蓄えた技も役に立つものなのだが、積み重ねた経験が機能しない時代になってしまったのである。彼らが相手にしてきたのは自然であり、自然が供給する素材であり、それは一つひとつ違う性質を持ったものであった。その違いを、指先や目や匂いや音で聞き分けながら手に馴染む道具でものを作り出してきたし、収穫物を得てきたのである。しかし今、相手にするのは機械であり、データであり、工場から送り出された均一の素材である。

城の復元に際し、石工が石積みの城壁ではなく、コンクリートを打たなければ許可が下りなかった話を思い出してほしい。それが建造物の基準だというのである。規則の前に、積み重ねられてきた貴重な経験と技は消えてしまうのである。

こうしたことが愚かな知識のない人たちがいうのなら、そうじゃないと諭《さと》すこともできようが、権威ある学者や研究者、役人たちが決めるのである。

石工たちは新しい素材としてのコンクリートを天然石との組み合わせに上手に使っている。職人たちは柔軟である。新しい素材、新しい道具を自分の仕事の中に生かし、使い込んでいく。職人は融通の利かないただの頑固者ではない。彼らは自分の作るものの品質が保てないとき、受け継いできた技法が守られないときに、どうしても譲れぬというのである。

新しい素材の出現や、コンピュータを組み込んだ機械の導入にしても、培《つちか》ってきた技や読みは役に立つだろう。しかし、これからはその経験なしで物作りに当たろうというのである。

コンピュータは瞬時の間に試行錯誤を繰り返す機械である。人間が何年もかかって、こうでもない、ああでもない、ここでもなく、あそこでもなくと、もう少し早く糸をたぐったほうがいいか遅いほうがいいか、経験と結果を照らし合わせ何度も確認しながらやってきたことを、機械がしてくれるのである。そして結果を出してくれる。人間はその結果だけを使うのである。見事な結果であるが、経過を積んでいるのは機械であって、人間ではない。こうなると結果が思わしくないときやトラブルが発生したときに、結果に至った過程を振り返ることができない。振り返っても梯子《はしご》も階段もそこにはないのだ。

しかし、それは経験や勘を尊ぶことを知っている世代の人間のいうことである。

機械やパソコンが搭載され、日常的に使われる時代に、手道具の時代の経験はかえって足手まといでさえあるのだ。経験が新しい機器操作の習得を邪魔するのだ。アナログ的思考でデジタル情報を理解しようとすると無理があった。

こんなことは初めてではない。

「古い」

「時代遅れ」

こんな言葉が使われ、虐《しいた》げられてきた老人たちはいつの時代にもいたのである。しかし、機械の操作ばかりではなく、民主主義、自由、平等、環境、自然保護、自然破壊……その時代ごとに新しい言葉が出現し、前世代を迷わせた。

そこには長い経験からだけでは導き出せないものがあったからだ。

それでも、まだ積み重ねた経験は生きていた。同じ道具を使うなら、経験豊富な老人たちは大事な相談役であり得た。
和歌山で備長炭を焼く湯上昇さん（一九五五年生まれ）は、今でも窯《かま》を焚《た》く途中でわからぬことが出てくれば、父を呼びにいく。一九二九年生まれの父は、煙の色を見、匂いをかぎ指示をする。その指示に昇さんは黙って従う。現役を退いてはいても、自分には判断できぬ力と経験が父にはあることを知っているからだ。

まだかつての経験が技を生み出すやり方が残っているとはいえ、それはごくわずかになってきた。明治維新以降、職人が消えていくことはいわれ続けてきた。そして、ついにその終焉《しゅうえん》に近づいたのである。経験をデータに換えて機械に記憶させ、判断させるようになったのだ。そうして生まれてきた製品が日常を埋め尽くしている。日本人の多くが職人不在を当たり前のこととする生活に入ってしまった。

考えてみれば、大量生産・大量消費、終わることのない安価競争、能率第一主義、次々と新製品を送り出し消費を促《うなが》すことは、資本主義経済の当然の姿でもある。その中で、手間暇のかかる職人仕事は駆逐されたのである。

職人が消えた社会、手道具がなくなった時代、経験が機能しなくなった社会では新たな倫理や職業観、社会観はどうなるだろう。

次の走者は

職人たちの時代の走者が中継地に走り込んだとき、受け渡すはずの走者は、別のたすきを持って走り始めていた。

ずいぶん前になるが、職人が消えるとき、文化が一緒になくなると書いたことがある。そのときは、そう思ったのだが、少しばかり訂正を加えたいと思っている。職人たちが消えていったいきさつはすでに書いた。職人が消えていったのには、それなりの時間の経過と背景があった。

職人は、職人だけで成り立っていたのではなく、彼らを受け入れ、育ててくれる状況があって、存在しえたのである。職人が作り出す道具や品物を買って、使う人がいて、彼らは生計を立てることができた。

また、職人に弟子入りする徒弟たちを送り出したのは職人たちの家ばかりではなく、それ以外の人の家からも子弟が送り出されてきたのである。

徒弟制度のもとで、師に仕え、修業を積み、経験を重ねた弟子はいずれ一人前の職人として世に出、道具や製品を作り出した。それらの品や道具の良し悪しを見分け、使ってくれる人たちがいたのである。

職人と、使い手である消費者は空間を伝わる電磁波の縦波と横波のように、互いがいて成り立っていたのである。その一つだけがなくなることはない。支える文化がなくなれば、職人も消える。職人が消えれば、そのときにはそれを支えてきた文化も消えるのである。

積み重ねた経験が機能しなくなった世界に、職人は生きていけない。

彼らはすべてが上質の倫理を持った人ばかりであったわけではないが、確固とした自己規制と、腕一本で世を渡るという習慣があった。

職人が作った道具や商品は、目の前に存在し、触れ、使うことができる。

考えや思想などという目に見えぬものと違って、誰でもそれらのものを使って比べることができる。道具は小難しい理論や思想と違って、誰でも使え、使ってみれば良し悪しはすぐにわかる。

ものには、見た目の良し悪し、使っての良し悪しがある。使い手は、道具であれば、見た目よりも使い勝手を優先する。見た目が美しいだけでは評価されないのである。職人たちは自分の作ったものが選ばれることで生き延び、わずかではあったろうが豊かになりえた。

選ばれぬことは恥であった。恥じぬために技を磨いた。すべきことをする。

できる限りのことをする。

それが倫理である。

よきものを作り、送り出すために自己規制する心、これは文化である。

よきものを見分ける目、よきものを選んで使うこと、これも文化である。

こうした目や心、倫理観を持たないものは田舎者として馬鹿にされた。

見る目も心も、よきものを送り出すための技も、経験と修業、使い続けることという積み重ねがあって成立していた。

安く、見た目はよいが、使い勝手の悪いものを受け入れず、消し去ろうとする選択眼も経験から導き出された。

私たちは大量生産・大量消費を受け入れ、その裏で職人が姿を消した現代は、蓄積した経験が機能しない時代になりつつあることを検討してきた。

経験や積み重ねが機能せず、無駄であるという考えは怖い。積み重ねる努力をしなくなったら、これまで築き上げてきた文化が崩壊するのではないかという危惧がある。

積み重ねが無駄だという考えは、老人問題に暗い影を落とす。かつては老人や未熟者、障害者まで参加できる仕組みが出来上がっていた。

一章で例に挙げたシナ布織りの工程には、老いて目が利かなくなった老人たちでも任せられる仕事が用意されていた。糸を繰る仕事も、長い糸を結ぶ仕事も、みなおしゃべりをしながらやってきた。この作業は老いても、目が不自由になってもできる。長い間に体や指先が覚えた仕事は、そのまま蓄積され、視覚に頼らずともできるのである。

民家を造る大工たちも老いて体が利かぬようになったものは、貫《ぬき》を固定するのに使った楔《くさび》作りなどを手伝った。彼らは十分な経験を積み、みなの仕事を見ながら、必要な大きさの楔を作った。海に出られなくなった漁師のじいさんたちは、竹を削り、網を繕《つくろ》う針を作ってできる限りのことに参加した。

体や手に記憶された技は忘れることがない。

体や手はいったん覚えれば、悩むことがない。

手は疑問を持たない。

そうなるまで修業を積み上げたのである。常に疑問を持ち、悩み、惑うのは心である。なぜかと問うのは手や体ではなく、いつも心である。

そして長い間積み重ねてきた経験や技を拒否したのは機械を使う時代である。最新技術が生み出した機械はすべて、人間不要の原理で作られている。

情報は肉体を離れて一人歩きし、それが売り買いされている。情報は瞬時にして世界を駆けめぐるが、人間は動かない。インターネットやパソコンが情報を受け取り、送り出すが、送り手の肉体も顔もそこには必要とされていないのである。

人と人が会わずにすべてがすむようになってしまうのだろうか。技は人に属するがゆえに、使い手は作り手を選んだ。ものを通して、作り手と使い手、両側に人がいたのである。

今の時代は使い手はそのままであるが、工場から送り出される品物の向こうにいるのは機械である。情報の向こう側にいるのも機械である。

人と人は繋がっていないのである。礼も倫理も人に属し、機械には属さない。技は修業して磨かれ、経験を積んで改良され、使い手の評価を受けた。今はすべてが機械の性能の問題である。

工場ではオペレーターは手順に従って機械を操る能力だけが求められている。そこには積み重ねられ、観察し続けてきた結果得られた知恵は生かす余地がない。

奈良の近代化された茶農家を訪ねたときに、茶摘みどきは寸暇《すんか》を惜しみ、あらゆる手助けが欲しいといっていたが、老人だけは助けにならないといい切った。機械を扱えず、邪魔になるだけだというのである。手で摘んできた老人たちの長い経験は新しい機械の操作の前では邪魔でしかない。

若い夫婦は共稼ぎであっても、自分の子供たちを祖父母には預けなくなった。古い老人の考えで子供を育てるつもりがないのだ。かつては孫の世話をし、家事を手伝うことなど、一線を退いた老人にもいくらでも担う仕事があった。

職人たちは有機的に繫がっていた。炭焼きが二〇年ごとに木を伐る。

その山は常に若い木を供給し、イタヤ細工師や箕《み》作りやアケビ細工師、シナ布織りたちが二〇年のサイクルに組み込まれて山の木々を利用したのである。

自然は生きるための環境であった。

その自然をまったく別の視点から見る時代になった。石油を資源とする新素材は今のところ地に還る再生産の方法をもっていない。一方向の利用思想である。工場から作り出されるたくさんの素材も廃棄され、再利用のシステムは確立されていない。まだ、原価の安さだけが追求されている時代だからである。再利用よりは生産だけのほうが今のところ安価であるからだ。それでも、この自然に頼らぬ、工場システムの大量生産の方式は邁進《まいしん》している。まだまだ、未成熟のまま社会はスピードを上げて進み始めているのだ。

手仕事の時代は素材を自然に求め、繰り返す季節の中で再生産される資源を使うことを基本に考えていた。それが自然という環境を維持する方法であったのだ。

しかし、自然の輪廻《りんね》に合わせ、材料を身近な山や草原や川、海に求めていた時代は終わった。

熟練者ばかりではなく、未熟者や子供、老人、障害者にも役目があり、自然の営みに人の営みが組み込まれていた時代は、一つの完成された社会であった。

働くことは苦しくもあったが、そのことが人生であった。仕事をすることが家族を支え、自分の位置を定め、喜びを見出す、それが生きることであったのだ。

経験を積めば、昨日よりは明日がよくなる。積み重ねの末にはそれだけの結果があった。

人生という物差しに合わせた長いタームでものを考える習慣があった。

積み重ねが機能しない社会では、新しいものの前では古いものは廃棄されるか不要のものでしかない。

経験が不必要になると、長いタームでものを考えることがなくなるから、刹那的《せつなてき》になる。そこには、年老いることの重要さ、価値がなくなる。

そう考える人間たちが一般的になった時代には、自然や未熟者を組み込んでいた時代の考え方や生活習慣は役に立たなくなるだろう。しかし、今がそうでもこれは新たな社会への移行のときである。

資源再生の原理が確立されていない社会は未熟な社会である。手仕事の時代の後に続くだろう社会への橋渡しの途上の現在は、かっての素材を提供する自然とのやりとりもなく、工場製品の資源再生の道も見つかっていない。

師のもとで学び、叱られながら、職業の倫理や生き方を教わったのと同じようなシステムもまだ完成していないし、模索の道にもついていない。ただ、「こうではないのではないか」という惑いがあるだけである。

生きていくための姿そのものである仕事や職業という概念すら見失

っている。若者たちは仕事に就くことを人生の設計の道と同じとは考えられないでいる。仕事だけが人生ではないという、手仕事の時代の考えを否定するだけで、新たな道が見つかっていないからだ。

手仕事の時代には仕事や職業がいかなるもので、どう評価されるかが見える時代であった。ところが今は、人々の多くが会社に所属し、体を動かすことと同意語であった「仕事」という概念から遠ざかり、目の前に自分の作り上げた品物や道具を見出せなくなった。流通や金融や、サービス業という業種が国民の主たる職業になったからである。

今の社会システムでの職業は金を手に入れるための手段や方法であって、そのままが生き方ではない。生き方と職業を別に選択する時代は今まではなかった。

こういう時代に子供たちが将来像を結べず、職業観を持てないのは仕方がないことである。彼らの父親や母親たちが、すでに手仕事の時代から離れた世代なのである。その子供たちがどこで職業観や自己規制をともなった倫理を生活の中で身につけていくことができるだろうか。

手仕事の時代には、職人が存在し、それを支える社会があり、そこに倫理と生き方としての職業観があったのである。社会が変質してしまい、基盤が変わった今、かつての職業観や倫理観、道徳などを、教育だけで子供に植え付けるのは無駄というものである。彼らが生きている社会、子供の父親や母親である私たちが生きている今がそうであるが、そのことを拒否し新たな社会の到来を選んでしまったのだから。

自分たちが実践していない倫理やルール、生き方を無理強いしたところで身に付くはずがない。

同じことは自然観にもいえる。自然保護や共生、還元する自然という言葉が飛び交っているが、どこか一部だけを元に戻すことはできない。手仕事の時代の基盤は人々の生活からすべてが生まれていたのである。生活が変わってしまったのに、都合のいい、聞こえのいい部分だけを昔に戻そうというのは無理というものである。

私たちは手仕事の時代を終焉させてしまったのである。

それなのに、今現在、手仕事の時代に代わって進もうとする方向性は指し示されてはいない。まだ、行く道のわからぬ迷い道の途上である。

そんな時代でも、私たちは昔ながらに、友人や家族や学校という社会の中で生きている。人間同士の関係や結びつきに対してのルールは、世代間で揺らぎがあるが、竹のざるを使い、木造船で漁をし、茅屋根《かやや ね》の家に住んでいたころのままである。

春が来れば桜を愛《め》で、秋には紅葉の美しさにため息をもらす。土用を過ぎたら木の水揚げが終わり、冬支度に入るから木や竹を切る季節が来たと考えていた職人たちと同じ季節感で生きている。

建材の切れ端を拾えば、手にとって匂いをかぎ、そうした家に住むことを心地よいことだと思う心がある。

自然との共生をやめた人間たちは、新しい素材と品物に対する新しい思想と生活習慣を手に入れなくてはならないだろう。

今は次の思想を確立するまでの過渡期の時代であるが、いずれ橋が架かり、次の時代に新しい人間関係や物、自然に対する安定した考えやルールを手に入れるだろう。

人間はそんなに愚かではなかった。

職人たちがあれほど巧みにものを作り、自然の素材を生かし、それをきちんと評価して暮らしてきた時代があったのだ。

かってこの国の製品が外国に輸出品として出されたときには、現在のアジアの隣国が輸出攻勢をかけている品々が受けている評価と同じく、粗悪、安価といわれた時代があったのである。それは国内にも大量に出まわった。しかし、知恵は十分にはたらき、安く、悪いものは淘汰されていった。

職人が消え、それを支えた社会も変質しようとしているが、よい道具やよい品物をそれなりに評価する知恵は社会の底流として残るものである。

時代は行きつ戻りつしながら変化していく。明治時代にすでに多くの書物で職人が消えていくと嘆かれていた。その嘆きは「新時代の到来」という新しい波の中で、何度も沖に流されては岸に引き戻され、二一世紀を迎えた今に至っているのである。

人はいずれにしろ生きやすい方法を探らなければならない。

手の時代の倫理や職業観、経験を尊ぶ社会は暮らしやすさを求めたうえに生み出されたルールであった。これらは手仕事の時代の思想であった。

思想というのは何も学者たちが論理の上に築きあげるものだけではない。人々の生活と実践と、その基礎を支えている生き方が社会の共通観念として行き渡れば、それも思想である。

思想には流行がある。

思想は移り変わる。

そして今、手仕事の時代の思想が終わり、次の思想を模索しているのである。

携帯電話やパソコンのように手仕事の時代の後から出てきたものは、その使い方にマナーが出来上がっていない。以前の手仕事の時代の倫理では間に合わないことが多くなってきているのだ。このことは、前の思想がほころんでしまったことを証明してはいないだろうか。

これらの横行が暮らしづらいことであれば、いずれルールが生まれてくるだろう。

常にその時代の倫理は、一所懸命生きることから生まれてくる。安易に簡便さを望み、それだけを追い求めれば、混乱の時期が続くかもしれない。

現在は、作り手が見えない、経験がいらない、積み重ねが不要の時代である。送り出されてくる機械は、手もいらず、肉体も必要としない。名もなく、実だけを追うものばかりである。人間不要の時代であるようにも思える。

「人間」不要の時代がくるのだろうか。

そうではないと思う。

改めてその時代に適した「人間」という概念が生み出されるのだろう。

手仕事の時代が終わり、手を失った時代の思想は？

それは、これから決まってくるものである。まだ橋はできていないが、いずれできる。そこでの倫理や職業観は、行きやすい方向へ行くはずである。そういうものは、生活の知恵だから必ず行きやすいところに行き、低みを見つけ水が貯まるように、そこに安定を見つけだすであろう。そして、そこが安定の場所でなければ、また水を移すであろうが、落ち着くところに落ち着く。

そこには新たな倫理や人の生き方が築かれるだろう。

そのときに、私たちが立ち会った職人が活躍した「手仕事の時代」

の倫理や職業観が、新たな道を模索するときの指針になるだろう。

難しげに倫理や職業観という言葉を使ってきたが、それは突きつめていえば、「よいものを、精一杯の力で作り、世に送り出す」送り手と、「よいものと悪いものを区別し選択する」使い手であり続けるということでしかない。

見渡せば、わずかに工芸や美術や研究者たちの間に積み重ねてこそ成り立つ仕事があり、その道を歩む人たちを見出すことができるが、生活からはすっかり職人たちが消え、彼らが残してくれた道具や品物も命をまっとうしようとしている。

手仕事の時代は終わったのだ。

文庫版あとがき

時代は流れの速さを緩めるつもりがないようだ。

流れを速めているのは人間達だ。その動力は人間達の思考だ。

この本を書いたのが二〇〇〇年だった。出版が二〇〇一年。文庫として皆さんに読んでもらえるのが今年二〇〇八年だ。

二〇世紀の締めくくりに、お会いしてきた職人さん達の話を織り込みつつ、手仕事を失うことがどういうことかを検証した。

職人が消えていくことが、彼らの作る物を失うだけでないことを述べた。そして新しい時代の橋渡しの時期に掛かり、振り返ればまだすぐ後ろにある手仕事の時代が、行く末を探るときに指針になるだろうと言った。

今でもそう思ってはいるが、本を書いたときからたった八年しか経っていないのに、登場してもらった職人達の一〇人以上が鬼籍に入るか病に伏し仕事から離れてしまっている。

そのなかには後継者のいる方もいない人もいる。

後継者のいない方が残してくれた物は、使った道具と作った品である。道具というものは一番愛用された物から姿を消していく。使い勝手のいい物ほど使われるから姿が残らないのだ。

いつの時代にか、彼らの残した品を見て再現、復興を試みる人が出てくるかもしれない。

　その人は残された品だけを頼りに先人達が蓄えた智恵や試行錯誤の末に手に入れた技、素材の善し悪しの見極めを最初からやり直さなければならない。それは遠くて時間の掛かる道である。

　職人の人生は親方から弟子への感覚と技とともに受け継がれた生き方そのものであった。品物の復元は出来ても、それを作った職人達の考えや生き方は戻っては来ないだろう。親方と弟子の一生は糊代の大きな二枚の紙のようなものである。時によっては二枚はぴったり重なり合ったかもしれない。素材や道具に新しい出現や工夫が出来たとき、二枚の紙はわずかにずれるだろう。そのわずかなずれが進歩であることもあったし、後退であることもあった。

それも親方あっての話である。その親方達がいなくなりつつある。重ね合わせる弟子達もいない。

時代は尚急速に手仕事の時代から遠ざかりつつある。時代を先に追いやることに疲れ、虚しさを感じたとき、人々は職人が作った物を懐かしく思うかもしれない。その時、物の裏には手仕事を支えた日本人の智恵と生き方があったことを思い出してもらいたい。その時、この文庫が手助けになれたら幸いである。

二〇〇八年二月

著者

本書は、株式会社中央公論新社のご厚意により、中公文庫『失われた手仕事の思想』を底本としました。但し、頁数の都合により、上巻・下巻の二分冊といたしました。

著者紹介

塩《しお》野《の》米《よね》松《まつ》

一九四七年生まれ。秋田県出身。作家。アウトドア、職人技のルポルタージュ活動をする一方で文芸作家としても四回の芥川賞候補となる。著書に「木のいのち木のこころ」『手業に学べ』『大黒柱に刻まれた家族の百年』（全3巻）『イギリス職人話』『啖呵こそ、わが稼業　会津家本家六代目・坂田春夫』『木の教え』『最後の職人伝』、ほかに『たぬきの掌』『なつのいけ』『芝棟の家』など多数。

失われた手仕事の思想　下

（大活字本シリーズ）

2022年5月20日発行（限定部数700部）

底　本　中公文庫『失われた手仕事の思想』

定　価　（本体2,900円＋税）

著　者　塩野　米松

発行者　並木　則康

発行所　社会福祉法人　埼玉福祉会

埼玉県新座市堀ノ内3—7—31　〶352—0023

電話　048—481—2181

振替　00160—3—24404

印刷製本所　社会福祉法人　埼玉福祉会　印刷事業部

ISBN 978-4-86596-514-8